PRINCIPES
D'ÉQUITATION

PAR

ERNEST LALANNE

Ancien Écuyer de 1re classe à l'école de dressage de Rochefort
Directeur du grand Manège, 10, rue Alibert
Brevet de capacité (1868)
Médaille au Concours hippique (1874)

PARIS

A. DEGORCE-CADOT, ÉDITEUR

9, RUE DE VERNEUIL, 9

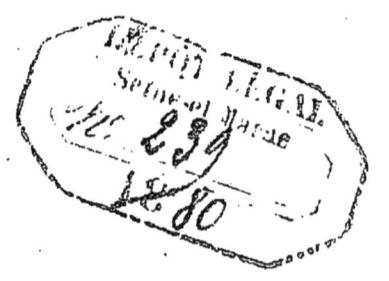

3617

8° S
1886

PRINCIPES
D'ÉQUITATION

Tout exemplaire non revêtu de ma signature sera réputé contrefait.

F. Aureau. — Imprimerie de Lagny.

PRINCIPES
D'ÉQUITATION

PAR

ERNEST LALANNE

Ancien Écuyer de 1re classe à l'école de dressage de Rochefort
Directeur du grand Manège, 10, rue Alibert
Brevet de capacité (1868)
Médaille au Concours hippique (1874)

PARIS

A. DEGORCE-CADOT, ÉDITEUR

9, RUE DE VERNEUIL, 9

—

Tous droits réservés

A Monsieur le baron de CUGNAC

DIRECTEUR

DE L'ÉCOLE DE DRESSAGE DE ROCHEFORT

**Hommage de son très respectueux
et très dévoué serviteur**

ERNEST LALANNE

PRÉFACE

Nous avons écrit ce livre pour les personnes qui commencent à apprendre l'art si difficile de l'équitation; nous l'avons écrit aussi dans le but d'être utile aux nombreux élèves qui nous font l'honneur de suivre nos leçons.

Pendant toutes les premières leçons, l'élève, préoccupé surtout par l'idée de se maintenir sur son cheval, écoute peu les paroles du professeur; il les entend mal et ne les comprend pas le plus souvent, quelque clarté que celui-ci apporte dans ses démonstrations.

De plus, dans certains de nos cours collectifs où se trouvent quelquefois plus de quarante cavaliers de toutes forces, il est bien difficile au professeur de se mettre à la portée de tous; de là des retards inévitables dans l'éducation du cavalier.

Nous pensons que ce livre comblera cette lacune, et que les élèves, qui voudront bien le lire avec soin dans l'intervalle des leçons, y trouveront un avancement plus rapide.

Nous espérons également qu'il ne sera pas sans intérêt pour les cavaliers plus avancés.

Paris, juin 1880.

Ernest Lalanne.

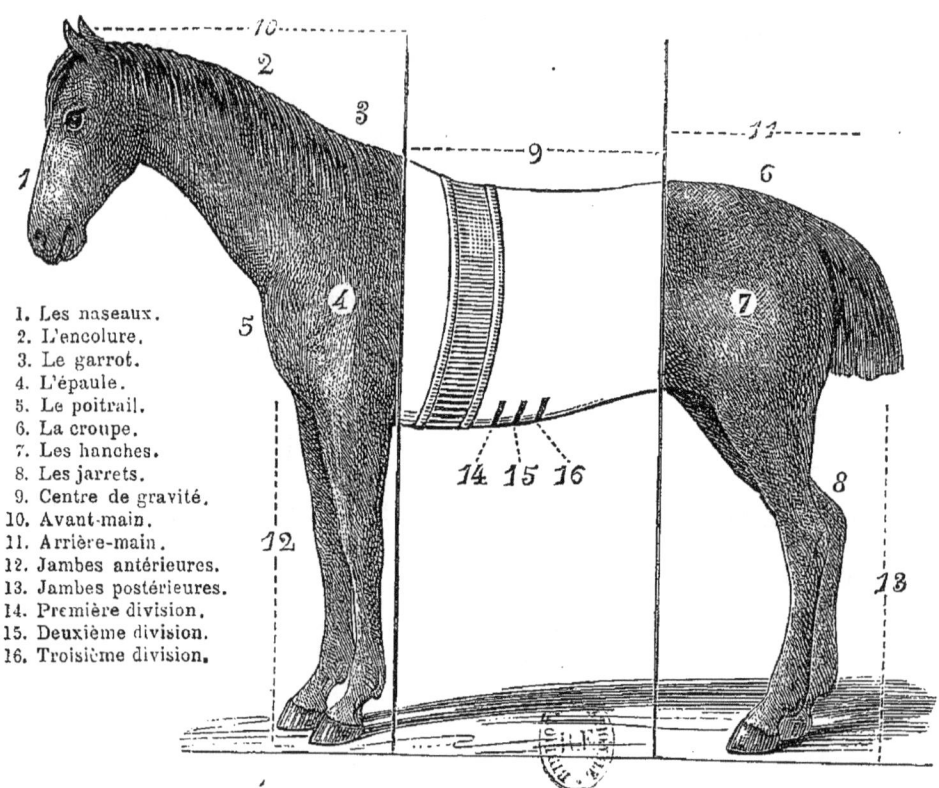

1. Les naseaux.
2. L'encolure.
3. Le garrot.
4. L'épaule.
5. Le poitrail.
6. La croupe.
7. Les hanches.
8. Les jarrets.
9. Centre de gravité.
10. Avant-main.
11. Arrière-main.
12. Jambes antérieures.
13. Jambes postérieures.
14. Première division.
15. Deuxième division.
16. Troisième division.

PRINCIPES D'ÉQUITATION

CHAPITRE PREMIER

PRÉCAUTIONS A PRENDRE QUAND ON VEUT S'APPROCHER D'UN CHEVAL

Lorsque l'on veut s'approcher d'un cheval, que ce soit pour l'examiner ou pour le monter, il ne faut jamais l'aborder du côté de l'arrière-main ; c'est toujours par-devant, du côté de l'épaule droite ou de l'épaule gauche, suivant les cas, que le cavalier devra se présenter à lui.

Quand le cheval est à l'écurie dans sa stalle et que l'on veut y pénétrer, il faut au préalable le prévenir et le faire déplacer sur le côté.

Ces recommandations sont de la plus grande importance et trouvent leur application dans bien des cas.

Supposons qu'à la promenade, une pierre soit venue se loger dans un des pieds de derrière du cheval; il est de toute nécessité de retirer sur-le-champ ce corps étranger qui peut le blesser. Conformément à ce que nous avons dit, le cavalier devra d'abord avertir son cheval en lui levant le pied de devant pour n'arriver qu'en second lieu au pied de derrière.

Ces recommandations doivent être observées avec tous les chevaux sans exception.

DE L'ÉTRIER

Il est utile avant de monter à cheval, de s'assurer que les étriers sont bien ajustés. D'une manière très rapide, le cavalier peut reconnaître à un point près la longueur d'étrivière nécessaire à sa jambe; pour cela il suffit, plaçant l'extrémité des doigts de la main droite à la hauteur du porte-étrivière et tendant le bras, d'amener de la main gauche la palette de l'étrier jusqu'à la naissance de l'aisselle; on obtient ainsi la longueur approximative nécessaire, il ne reste plus qu'à fixer l'ardillon dans le trou correspondant.

Une fois en selle, le cavalier peut, par un autre procédé, allonger ou raccourcir l'étrivière, d'une seule main, sans le secours des yeux et le cheval en marche.

Pour allonger l'étrivière droite, le cavalier passe ses rênes dans la main gauche, le pouce sur le milieu de la cravache, et, sans déchausser l'étrier, il fait glisser la boucle de l'étrivière jusqu'au bas de petit quartier de la selle; pendant cette petite manœuvre, le pied fait sur la palette de l'étrier une légère résistance pour l'empêcher de remonter; le cavalier alors écarte l'étrivière, pour, avec l'index, faire sortir l'ardillon du trou qu'il occupe; il reconnaît avec le pouce le nombre de trous dont il veut allonger l'étrivière, fixe ses doigts au trou le plus éloigné jusqu'à ce que la pression du pied sur la palette de l'étrier ait amené au niveau de ses doigts l'ardillon qu'il fixe de suite.

Pour raccourcir l'étrivière, on emploie les mêmes moyens jusqu'au moment où, avec l'index, on a fait sortir l'ardillon du trou. Le cavalier prend alors l'étrivière à pleine main et la soulève ; le pouce sur les trous permet de reconnaître la quantité dont on veut raccourcir l'étrivière, l'index alors fait rentrer l'ardillon.

Pendant cette manœuvre, et pour la faciliter, la pointe du pied a été soulevée, sans pour cela abandonner l'étrier. Il ne reste plus qu'à tirer en bas sur la partie de l'étrivière qui touche la selle pour faire remonter la boucle à sa place.

On allonge et on raccourcit l'étrivière du côté gauche par les mêmes moyens, seulement on place les rênes et la cravache dans la main droite.

L'étrier se perd facilement; le cavalier doit savoir le reprendre sans pour cela changer l'allure à laquelle il marche.

Il suffit d'élever la pointe du pied; de porter le pied ainsi fléchi légèrement en arrière; puis, par un petit coup sec, de porter la pointe du pied en dedans; elle frappe la branche postérieure de l'étrier qui bascule et se trouve chaussé naturellement. On arrive rapidement à exécuter ce petit travail en s'y exerçant d'abord au pas, puis aux autres allures.

Nous terminerons ce qui a rapport à l'étrier en disant qu'il ne faut jamais le porter trop long, mais bien assez court pour que la pointe du pied soit plus élevée que le talon, les genoux étant appliqués contre le bourrelet de la selle.

LE CAVALIER AU MONTOIR

Le cavalier faisant face à l'épaule gauche du cheval, la cravache dans la main droite, pointe en l'air, prend l'extrémité des rênes entre le pouce et l'index de la main droite et les tend en arrière jusque environ vingt centimètres au-dessus du troussequin. De la main gauche il saisit les rênes vers le milieu de leur longueur, le petit doigt en dessous ; rejette de la main droite leur extrémité du côté droit de l'encolure ; passe la cravache de la main droite dans la main gauche, la pointe la première ; prend une poignée de crins le plus haut possible avec la main droite et les place dans la main gauche dont le dos se trouve bien à plat sur le côté gauche de l'encolure. Il prend alors l'étrivière de la main droite et engage le pied gauche dans l'étrier ; se place par deux petits sauts vis-à-vis du quartier gauche de la selle sur lequel il appuie le genou; place sa main droite à plat sur la partie droite du troussequin et s'élance vivement du pied droit en tirant fortement sur la poignée de crins; le pied droit étant arrivé à la hauteur du pied gauche, il marque un temps d'arrêt, le corps droit; passe la main droite sur le pommeau de la selle, le pouce en dessous; passe la jambe droite tendue par-dessus la croupe du cheval sans la toucher; alors, l'appui de la main droite qu'il conserve encore sur le pommeau de la selle lui permet de s'y asseoir sans à-coup. Il chausse alors l'étrier droit et reprend la cravache avec la main droite.

Nous venons de recommander de se mettre en selle sans à-coup, et cela est très important avec certains chevaux; car un appui brusque et trop violent sur la selle peut surprendre le cheval et occasionner des bonds et des défenses de nature à mettre en danger la sécurité du cavalier.

DE LA MANIÈRE DE TENIR LES RÊNES DE BRIDON, DE LES RACCOURCIR, DE LES ALLONGER

Nous recommandons expressément aux commençants de ne faire usage que des rênes de bridon. Ils devront donc faire un nœud aux rênes du mors qu'ils laisseront retomber sur l'encolure. Si, en effet, pendant le cours de la leçon, le cavalier éprouve des déplacements d'assiette et qu'il se rattrape aux rênes, il provoquera moins de défenses de la part du cheval avec les rênes du filet qu'avec les rênes du mors.

Le cavalier donc, après avoir enfourché son cheval, doit prendre une rêne de bridon dans chaque main et les tenir bien égales. Chaque rêne doit être prise à pleine main, le petit doigt en dessous et passer entre le petit doigt et l'annulaire, les autres doigts fermés, l'extrémité de la rêne sortant entre l'index et le pouce appuyé sur le plat de la rêne. Les poignets seront tenus au même niveau.

Pour raccourcir ses rênes on devra prendre avec les deux premiers doigts de la main droite l'extrémité des rênes de la main gauche, laisser glisser cette même main gauche dans une plus ou moins grande étendue, suivant le besoin; reprendre ensuite l'extrémité des rênes de la main droite avec les deux premiers doigts de la main gauche et laisser glisser la main droite à la même hauteur que la main gauche de façon à ce que les rênes soient parfaitement égales.

Pour allonger les rênes, il suffit de relâcher doucement les doigts qui les tiennent et de ramener bien également les mains vers soi, en les laissant glisser sans tirer sur la bouche du cheval.

Pour passer les rênes dans une seule main, le cavalier, tenant toujours bien la rêne gauche entre le petit doigt et l'annulaire, tourne la main gauche, les ongles en dessous;

et ouvre la main en passant l'index par-dessus l'extrémité de la rêne qui ressort alors entre le médius et l'index ; il laisse glisser sa main droite vers lui et, l'inclinant à gauche, il place la rêne droite entre le pouce et l'index de la main gauche qui tient alors solidement les deux rênes.

DE LA POSITION DU CAVALIER

Après avoir placé le cavalier sur son cheval et lui avoir indiqué les différentes tenues de rênes, nous allons étudier en détail la position qu'il doit avoir.

Nous recommandons aux commençants de ne pas négliger la bonne tenue dès les premières leçons ; ils prendraient vite de mauvaises habitudes dont ils auraient peine plus tard à se défaire. Si, au contraire, dès le début, ils apportent une grande attention, les difficultés seront promptement surmontées.

Pour faciliter cette étude, et ne rien oublier d'important, nous diviserons le corps du cavalier en trois parties :

1° De la tête à la ceinture ;

2° De la ceinture aux genoux ;

3° Des genoux à la pointe du pied.

Première partie. — La tête doit être haute, sans raideur, bien mobile sur le cou, pouvant se porter facilement à droite ou à gauche ; la poitrine doit être saillante en avant ; les épaules effacées, bien sur la même ligne ; les bras tombant naturellement, les les coudes au corps, et formant avec l'avant-bras un angle droit ; l'avant-bras sera légèrement arrondi le long de la ceinture. Les poignets distants l'un de l'autre de sept à huit centimètres seront éloignés de la ceinture de cinq à six centimètres. Ce serait une faute de laisser les bras allongés ; les poignets seront agiles et les doigts souples, toujours prêts à raccourcir ou à allonger les rênes suivant les besoins du cavalier. Il faut une grande souplesse dans la ceinture ; le rein doit être creux. C'est dans cette région du rein que se passent les mouvements de rotation du haut du corps du cavalier.

Deuxième partie. — De la hanche au genou, la partie du siège du cavalier doit être lourde sur la selle ; la cuisse sera posée bien à plat sur la selle, elle sera adhérente aux quartiers. Pour cela il n'est pas nécessaire au cavalier de déployer une grande force, ni d'exercer une grande pression.

Cette position des cuisses sur leur plat est de la plus haute importance. Sans elle pas de bonne tenue possible, pas de sécurité pour le cavalier. Que le cheval vienne à être brusquement surpris et fasse un écart, si les cuisses et les genoux du cavalier sont éloignés des quartiers de la selle, il y aura certainement un déplacement d'assiette ; si, au contraire, l'adhérence que nous prescrivons existe, le cavalier, sans grand effort, rattrapera son centre de gravité.

Le cavalier doit creuser les reins et alors les cuisses viennent sans effort s'appliquer par leur partie plate sur la selle ; cette flexion des reins donne une grande indépendance aux épaules. Les genoux seront fixes et appliqués contre le bourrelet de la selle. C'est par le mouvement de rotation en dedans de la cuisse que le cavalier obtiendra l'adhérence à la selle et la fixité des genoux.

Il faut que le siège du cavalier soit bien placé sur l'avant de la selle, de manière à ce que le cavalier ne repose pas sur l'enfourchure ; il faut que le siège pèse également à droite et à gauche par suite de la lourdeur du poids du cavalier. Il évite ainsi les à-coups, et, chez un cheval sensible, un à-coup du siège équivaut à une attaque et le cavalier serait fort étonné de trouver chez son cheval des défenses ou des allures désagréables qu'il ne saurait pas avoir provoquées et qui ne proviendraient que de son défaut d'assiette.

Troisième partie. — Nous avons dit que le mouvement de rotation de la cuisse en dedans l'amène sur son plat et assure la fixité du genou ; par suite de cette position du genou, les jambes tombent naturellement, les mollets sont en dehors, et la pointe du pied légèrement en dedans.

Les mouvements de la jambe, par suite de la structure de son articulation avec la cuisse, ne peuvent être que des mouvements de flexion. Le genou étant bien fixé contre la selle, les mouvements de la jambe se feront d'avant en arrière ; tout autre déplacement entraînerait forcément celui du genou et partant la perte de l'équilibre.

C'est la jambe qui joue le plus grand rôle dans le déplacement du poids chez le cheval, il ne faut donc pas la mouvoir hors de propos.

L'articulation du pied avec la jambe doit être assouplie par des exercices fréquents de flexion et d'extension, car, dans les mouvements du pied, la jambe doit être assurée et le pied doit pouvoir se porter en haut ou en bas, à droite ou à gauche sans aucune réaction pour la jambe. Nous verrons l'importance de ce principe en nous occupant de l'éperon. C'est également par la jambe que nous demandons au cheval les allures du pas, du trot, du galop.

Tête camuse.

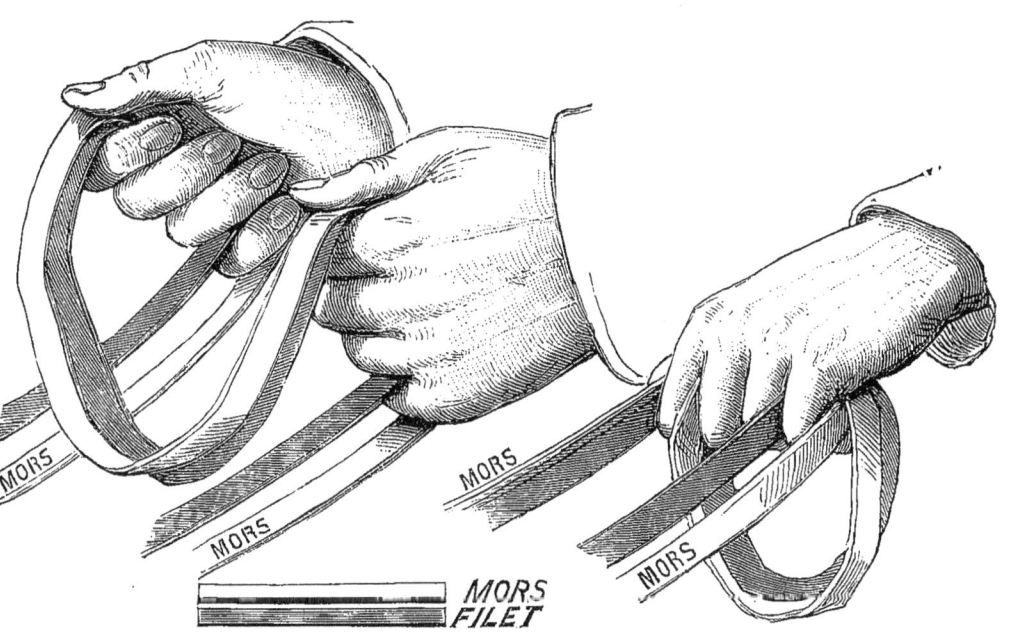

Tenue des rênes à l'anglaise de deux mains.   Tenue des rênes à l'anglaise d'une seule main.

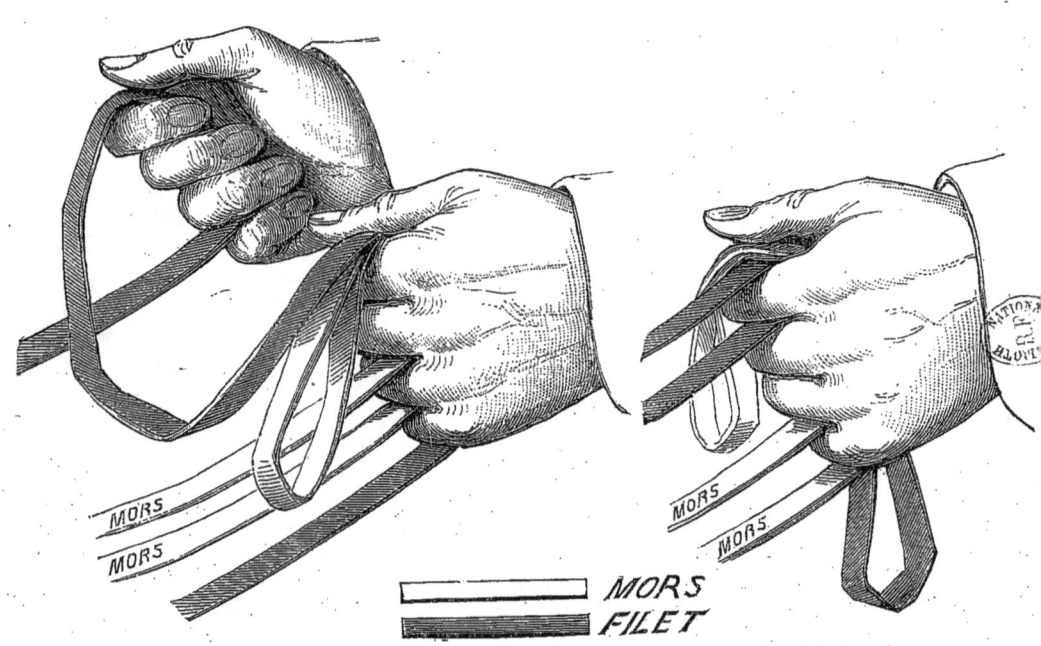

Tenue des rênes à l'allemande.   Tenue des rênes à la française.

CHAPITRE II

CHAPITRE II

DU BRIDON ET DU MORS

Nous avons indiqué dans le premier chapitre la tenue des rênes de bridon. Ce sont en effet les seules dont doit se servir le cavalier qui commence à monter et celui qui n'a pas assez d'assiette pour avoir la main juste, et qui par cela même est exposé à se rattraper aux rênes.

Les effets du bridon sont généralement très doux ; ils se font sentir plus sur les commissures que sur les barres et sont acceptés par tous les chevaux qui ne sont pas encore dressés.

Tout cheval qui porte la tête basse, qui s'encapuchonne ou qui bourre à la main, ne doit être monté qu'avec les rênes du bridon.

De même, chaque fois que l'on fait promener son cheval par son cocher ou par une personne dont on ne connaît pas la main, il faut ne le laisser monter qu'avec le bridon.

Après une longue course, quand le cheval est fatigué, laissez flotter les rênes du mors, et donnez-lui un point d'appui sur le bridon, vous arriverez à le soulager.

Le mors est un levier beaucoup plus puissant qui demande une main fine et expérimentée. Il importe de toujours bien en calculer l'effet.

Il faut l'employer surtout avec les chevaux qui, par leur conformation, ont le poids trop sur l'arrière-main, comme les chevaux qui portent au vent et dont la tête a besoin d'être fixée.

Il ne faut jamais abuser du mors dans les commencements du dressage du cheval, avant que l'encolure ne soit équilibrée et que sa bouche ne soit formée par le dressage primitif du bridon.

DES DIFFÉRENTES TENUES DES RÊNES

Nous admettons trois positions principales pour la tenue des rênes : la position des rênes à la française; la position des rênes à l'anglaise; la position des rênes à l'allemande.

POSITION DES RÊNES A LA FRANÇAISE

Prendre les rênes du mors, le petit doigt de la main gauche entre les deux et en faire ressortir l'extrémité entre le médius et l'index ; fermer les doigts et laisser tomber cette extrémité du côté droit. Prendre ensuite les rênes du filet et les placer dans la main gauche, l'index entre les deux; leur extrémité passant dans la paume de la main ressortira du côté du petit doigt et retombera sur la gauche du cheval.

Dans cette tenue de rênes on conduit sur le mors, aussi les rênes de filet doivent être beaucoup plus longues que les rênes de mors et elles doivent retomber de chaque côté de l'encolure ; la main n'agit que sur le mors.

Pour les changements de direction, c'est par la pression de la rêne droite sur l'encolure que le cheval se déplacera à gauche, et par la pression de la rêne gauche qu'il se déplacera à droite. Pour opérer ces changements de direction, pour aller à droite, la main gauche se portera à droite, *les ongles en dessus;* pour aller à gauche, la main gauche se portera à gauche, *les ongles en dessous.* Les mouvements de translation des poignets ne seront que de cinq à six centimètres.

La position des rênes à la française est celle qui, sans contredit, est la plus coquette, mais elle demande un cheval parfaitement dressé, bien assoupli, bien équilibré ; il faut également qu'il n'ait pas de défenses, et que la solidité de ses jambes de devant soit absolue.

C'est la tenue des rênes à la française que l'on a généralement adoptée pour les dames à la promenade.

POSITION DES RÊNES A L'ANGLAISE

Dans la tenue des rênes à la française, on ne peut conduire que d'une seule main ; la tenue des rênes à l'anglaise permet de conduire des deux mains et également d'une seule.

Pour tenir les rênes des deux mains, prendre les rênes de gauche dans la main gauche le petit doigt entre les deux, la rêne du mors passant au-dessous du petit doigt, la rêne du filet passant entre le petit doigt et l'annulaire, en faire ressortir l'extrémité entre le pouce et l'index, le pouce bien à plat sur elle.

Faire de même pour les rênes de droite, tenir ses rênes bien égales, les poignets distants de huit centimètres environ, l'extrémité des rênes de chaque côté retombant en avant des poignets.

Pour tenir les rênes d'une seule main, ou plus exactement, pour les passer dans une seule main, il faut renverser légèrement le poignet gauche, les ongles en dessous, et ouvrir la main; laisser glisser la main droite vers soi, puis, l'inclinant à gauche, passer les deux rênes de droite dans la main gauche leur extrémité ressortant du côté du petit doigt de la main gauche.

Au moment où on ouvre la main gauche qui va saisir les rênes de droite, il faut avoir soin, par un mouvement rapide, de passer l'index de cette main par-dessus les rênes de gauche; sans quoi les quatre rênes se trouveraient entre le pouce et l'index.

Pour les changements de direction, pour tourner à droite, par exemple, il suffit de faire une légère tension sur les rênes du côté droit avec opposition des rênes du côté gauche. Moyens inverses pour tourner à gauche.

Si l'on tient ses rênes d'une seule main, translation légère des poignets à droite ou à gauche.

Dans cette tenue de rênes, il est indispensable, quand on veut faire usage de la cravache, de passer ses rênes dans une seule main.

Cette position des rênes à l'anglaise est généralement employée par les jockeys pour tous les chevaux qui tirent à la main, pour les chevaux peureux ou inquiets.

Les commençants devront employer exclusivement cette tenue de rênes.

Quant à notre appréciation personnelle, quel que soit le cheval que l'on monte, quelle que soit la force du cavalier, nous préférons la tenue des rênes à l'anglaise à toutes les autres, et nous n'en acceptons pas d'autre dans notre manège; car, pour nous, elle réunit tous les avantages.

Laurent Franconi, un de nos écuyers les plus célèbres, disait que la tenue des rênes à l'anglaise était la seule où le cavalier fût réellement maître de son cheval, la seule où il parvînt complètement à lui faire comprendre sa volonté.

POSITION DES RÊNES A L'ALLEMANDE

Dans la tenue des rênes à l'allemande, les rênes du filet se trouvent par-dessus les rênes du mors.

Il faut donc prendre d'abord les rênes du mors, en laissant en dehors les rênes du filet; placer l'annulaire entre les rênes du mors et conduire leur extrémité entre le pouce et l'index; passer la rêne gauche du filet à pleine main dans la main gauche, à égale longueur des rênes du mors.

On a ainsi dans la main gauche trois rênes; d'une part les rênes du mors séparées par l'annulaire, d'autre part la rêne gauche du filet qui, passant au-dessous du petit doigt, vient se réunir aux rênes du mors tenues par leur extrémité entre le pouce et l'index.

La rêne droite du filet tombe naturellement le long du côté droit de l'encolure du cheval. Quand on veut s'en servir, elle doit être tenue dans la main droite avec trois doigts seulement. On se sert de cette rêne en cas de défense du cheval ou dans son dressage.

Le travail de la main gauche se fait sans se servir de la rêne droite du filet, comme dans la position des rênes à la française; c'est-à-dire, pour aller à gauche, main gauche à gauche, *les ongles en dessous;* pour aller à droite, main gauche à droite, *les ongles en dessus.*

Quand on a à se servir de la rêne droite du filet, on emploie les rênes de la main gauche, non plus comme à la française, mais comme à l'anglaise, dans le travail des deux mains en rênes séparées. Pour aller à gauche on tend les rênes de gauche avec opposition du filet droit; pour aller à droite on tend le filet droit avec opposition des rênes de gauche.

Pour utiliser cette position de rênes, il faut donc bien connaître le travail des rênes à la française et le travail des rênes à l'anglaise.

La tenue des rênes à l'allemande est adoptée par l'armée. Elle est assurément très utile, car elle laisse au cavalier la libre disposition de sa main droite, tout en lui permettant, à un moment donné, de diriger son cheval des deux mains, en prenant la rêne du filet dans la main droite. Cette tenue de rênes doit être bien comprise avant d'être employée, car la moindre erreur dans la tenue des rênes en change complètement la forme, et les rênes, emmêlées sans ordre dans la main du cavalier, présentent un aspect disgracieux et ne lui permettent plus de diriger son cheval.

D'UNE POSITION DE RÊNES QU'IL FAUT REJETER

Je ne parle que pour mémoire d'une tenue de rênes qui est encore adoptée par quelques cavaliers.

Elle consiste à prendre les rênes du mors dans la main gauche et les rênes du filet dans la main droite.

Cette méthode est défectueuse et n'offre au cavalier aucune sécurité en cas de défenses, d'écarts ou de bonds imprévus; nous la rejetons absolument.

AJUSTER SES RÊNES

Ajuster ses rênes, c'est les avoir toujours d'égale longueur.

Le cavalier ne doit jamais être surpris par

les évolutions d'un cheval sans avoir ses rênes parfaitement ajustées, et sans exercer sur les rênes droites comme sur les rênes gauches une tension égale.

Quand il y a lieu de raccourcir ou d'ajuster ses rênes, le cavalier doit le faire sans que le cheval en ait conscience, et sans lui faire éprouver aucun déplacement.

C'est en s'étudiant à faire ces mouvements correctement qu'un cavalier acquiert un doigter juste et prompt et qu'il a la manipulation des rênes facile.

Position de la jambe aux trois divisions.

CHAPITRE III

CHAPITRE III

DE LA CONFORMATION EXTÉRIEURE DU CHEVAL

Nous n'avons pas l'intention dans un livre élémentaire de détailler l'anatomie du cheval; nous voulons simplement présenter au lecteur les caractères les plus saillants de la conformation extérieure du cheval, caractères indispensables à connaître pour tous les cavaliers.

Pour faciliter cette étude, nous diviserons le corps du cheval en trois parties : *l'avant-main*, le *centre de gravité*, et *l'arrière-main*.

1° *L'avant-main* comprend la tête, l'encolure, le poitrail, les deux jambes antérieures ou bipède antérieur, le garrot. On voit donc que l'avant-main est toute la partie du cheval qui se trouve en avant du cavalier quand il est sur sa selle.

2° *Le centre de gravité*. — En physique on donne la définition suivante du centre de gravité : « C'est le point d'un corps par lequel passe constamment la résultante des forces parallèles, dans les diverses positions qu'on lui fait prendre successivement par rapport à la direction de ces forces. »

Ce n'est pas dans ce sens que nous décrirons le centre de gravité. Pour nous le centre de gravité sera la partie du corps du cheval sur laquelle le cavalier repose, partie comprise entre l'avant-main et l'arrière-main; il renferme forcément le centre de gravité mécanique et c'est par extension que nous prenons cette dénomination pour la partie moyenne du corps du cheval.

Le centre de gravité s'étend du garrot aux hanches, il comprend les reins, la poitrine et le ventre.

3° *L'arrière-main* comprend les hanches, la croupe et les deux jambes de derrière, ou bipède postérieur.

Nous allons examiner avec quelques détails ces trois parties du cheval pour en tirer des déductions pratiques pour le cavalier.

1° AVANT-MAIN

De la tête. — La construction de la tête peut donner au cavalier une idée générale de la plus ou moins grande facilité qu'il aura d'avoir son cheval léger à la main. La tête sera d'une beauté absolue si le front est large, bien ouvert; les oreilles petites, le toupet soyeux et pas trop abondant; l'œil grand et bien ouvert; la ligne du chanfrein partant du bas du front jusqu'aux naseaux sera parfaitement droite, les naseaux seront bien ouverts, l'auge bien évidée.

Petites oreilles et peu de toupet donnent

de la fierté au cheval; il est dans ce cas généralement obéissant aux aides.

Œil ouvert, cheval franc et d'action; œil petit, appelé aussi œil de cochon, cheval craintif et en arrière de la main.

Front busqué ou moutonné, ou tête camuse, cheval difficile en raison de sa difformité qui oppose au cavalier tout le poids que supporte la mauvaise construction de sa tête et qui le met à même d'entraîner la main de son cavalier et de lui être désobéissant. Beaucoup de chevaux cornards offrent ce genre de construction.

Les naseaux doivent être bien ouverts pour faciliter la respiration dans les allures plus ou moins allongées.

L'auge est l'espace compris entre les deux branches de la mâchoire inférieure. Elle doit être bien évidée pour faciliter l'ouverture de la bouche du cheval.

Les barres sont des parties du maxillaire inférieur, dépourvues de dents, longues de sept à huit centimètres, qui se trouvent entre les molaires et les incisives. C'est sur les barres que repose le canon du mors ; lorsqu'elles sont tranchantes elles ont l'inconvénient de se blesser facilement par suite de l'appui du mors.

La commissure est l'angle formé par les lèvres à l'endroit de leur réunion. C'est sur la commissure que porte l'action du filet qui a pour but d'élever la tête du cheval.

La mâchoire comprend les maxillaires supérieurs et les maxillaires inférieurs. Pour être absolument maître du cheval, il ne faut pas qu'il ferme sa mâchoire en rapprochant ses dents l'une contre l'autre. Lorsque l'on exerce une traction sur les rênes soit pour rassembler son cheval, soit pour changer de direction, il faut que l'animal ouvre et ferme la bouche, ce qui s'appelle *mâcher son frein*.

La tête par son poids constitue un véritable levier dont les déplacements plus ou moins réguliers influent sur l'équilibre du cheval et sur l'assiette du cavalier. Plus la conformation de la tête sera régulière, plus le cavalier aura de facilité à en assurer la direction.

De l'encolure. — L'encolure est cette partie du cheval qui s'étend du poitrail et du garrot à la tête. Elle est essentiellement formée par une tige centrale osseuse, composée de vertèbres articulées entre elles; cette tige osseuse est recouverte d'une masse charnue considérable qui donne la forme à l'encolure.

Par suite de cette construction, l'encolure est susceptible d'une grande mobilité; mais aussi, en raison des muscles puissants qui la composent, elle peut offrir au cavalier une somme considérable de résistance.

L'attache de la tête au cou, c'est-à-dire la partie la plus élevée de l'encolure doit être fine; l'encolure, longue et rouée sur sa partie supérieure. Cette forme d'encolure sera agréable à diriger, offrira peu de résistance, et le cavalier pourra se servir du filet aussi bien que du mors.

Le cheval à encolure grasse et lourdement attachée, courte, sera lourd à la main ; il faudra de grands efforts pour le déplacer. Il faudra monter ce cheval plus sur le filet que sur le mors pour pouvoir rectifier ce gros poids de l'avant-main du cheval en le reportant sur l'arrière-main.

L'encolure renversée, dite aussi encolure de cerf, offre à son bord inférieur une convexité qui en relève l'extrémité supérieure, de telle sorte que le cheval porte au vent. Avec l'encolure renversée, le cheval encense, ou bat à la main, habitude très désagréable pour le cavalier dont l'assiette se trouve à tout instant déplacée ; autant de mouvements du cheval, autant d'à-coups le cavalier ressent sous le siège.

Quand l'encolure est rouée seulement près de la tête, on l'appelle encolure de cygne ; le cheval qui a cette encolure s'encapuchonne facilement.

L'encolure qui est creuse à sa jonction avec le garrot est dite en coup de hache ; le cheval, dans ce cas, bourre à la main et offre des difficultés pour le rassembler.

L'encolure est le véritable gouvernail au moyen duquel le cavalier dirige son cheval et peut le maintenir en équilibre contre la force centrifuge.

Du poitrail. — Le poitrail est placé entre les deux épaules.

Il doit être assez ouvert et large, de cette façon le cheval sera bien campé et ses jambes seront bien équilibrées; il aura du fond.

Le cheval au contraire dont le poitrail est étroit a les jambes de devant trop rapprochées; il se les touche facilement en les croisant, se blesse et finit toujour par boiter.

Des épaules. — Les épaules obliques dénotent un cheval aux allures vives; plus les épaules seront droites, moins le cheval aura d'extension au trot, moins son allure sera rapide.

Du garrot. — Le garrot doit être sec et tranchant ; un garrot en hauteur implique un port élevé de la tête et une grande liberté dans les mouvements de l'épaule.

Le garrot se blesse facilement ; il faut donc bien veiller à ce que la selle ne porte pas sur lui.

Du bipède antérieur. — Les jambes de devant doivent être d'un aplomb parfait, et tomber bien perpendiculairement sur le sol. Il faut se méfier des chevaux qui ont les genoux de bœuf, et les jambes creuses, ils buttent facilement ; rejeter aussi les chevaux panards dont les pieds de devant sont tournés en dehors et les chevaux cagneux dont les pieds de devant sont tournés en dedans.

2° CENTRE DE GRAVITÉ

Placé entre l'avant-main et l'arrière-main, le centre de gravité est cette partie du corps du cheval sur laquelle le cavalier est assis. Il s'étend du garrot aux hanches, et forme, dans sa partie supérieure, le rein.

Le rein, du bas du garrot à l'attache de la croupe, doit être droit et court, bien horizontal.

Quand le rein est concave, le cheval est dit ensellé; c'est un signe de faiblesse et de manque de fond.

Le rein convexe au contraire, disgracieux à l'œil, dénote un cheval fort, de beaucoup de résistance et pouvant porter des charges très lourdes. Le cheval qui offre cette construction a généralement des réactions très dures et est surtout recherché pour porter des bâts.

Le cavalier doit constamment avoir pour but, par le moyen de sa force transmise, de concentrer toutes les actions et le poids de son cheval dans le centre de gravité, avant de rien lui demander. Le cavalier doit être le distributeur des actions de son cheval, pour l'avoir toujours bien équilibré sous lui et être en état de paralyser ses défenses.

C'est dans cette région, que nous avons désignée sous le nom de centre de gravité, avons-nous dit, que l'on pose la selle du cavalier Elle est retenue au corps du cheval par les sangles, qui laissent en avant la poitrine et en arrière le ventre de l'animal. L'endroit où on aperçoit les sangles se nomme « *passage des sangles* ».

C'est en arrière du passage des sangles que le cavalier fait agir ses jambes toutes les fois qu'il veut commander à son cheval.

La pression de jambes du cavalier a un effet différent suivant le niveau auquel il l'opère.

Pour faciliter l'étude de l'application de la jambe, nous avons admis trois divisions : la première à deux pouces des sangles ; la deuxième à quatre pouces ; la troisième à six pouces.

Nous voulons dire que, si le cavalier fait agir la pression de sa jambe à deux pouces en arrière des sangles, il a placé sa jambe à la première division ; et ainsi pour les deux autres. Dans chacun de ces cas, il a un but et un effet différents.

MÉCANISME DES TROIS DIVISIONS

Première division. — Le cavalier fait sentir sa jambe à la première division pour enlever, soutenir et faire marcher l'avant-main.

Deuxième division. — Le cavalier fait sentir sa jambe à la deuxième division pour obtenir le pas, le trot, le galop ; pour changer de direction à droite ou à gauche ou en arrière.

Troisième division. — Le cavalier fait sentir sa jambe à la troisième division pour enlever, soutenir et faire marcher l'arrière-main.

3° ARRIÈRE-MAIN

L'arrière-main nous offre la croupe, la hanche et les deux jambes postérieures ou bipède postérieur.

La croupe doit être horizontale pour faciliter le déplacement des jambes postérieures et pour que le déplacement de ces jambes dans leur élévation soit en harmonie avec le jeu des jambes antérieures.

Si, au contraire, la croupe est avalée ou fuyante, l'élévation des membres postérieurs sera moins régulière et ils seront prédisposés à la fatigue.

La hanche plus ou moins saillante doit toujours être bien descendue. Une hanche saillante flatte moins l'œil. Il y a des exceptions suivant les différentes races. Chez le cheval de sang elle est généralement plus anguleuse ; chez le cheval de demi-sang, plus arrondie. Chez le cheval tarbe, qui est toujours un très bon cheval, et qui possède beaucoup de qualités pour le service de la selle, on rencontre beaucoup de hanches saillantes ; ce cheval est très léger dans son avant comme dans son arrière-main, il offre beaucoup de difficultés dans le dressage et a la cabrade facile.

Pour ce qui est du bipède postérieur, il faut qu'il soit exempt de tares telles que le jardon, l'éparvin, maladies qui amènent une grande gêne dans le jarret et qui occasionnent de grandes difficultés pour le reculer ou pour tout mouvement où l'arrière-main doit supporter le poids du cheval. Le jarret doit être un peu droit et très sec.

Tête moutonnée.

CHAPITRE IV

CHAPITRE IV

DES TROIS ALLURES DU CHEVAL

Es trois allures du cheval sont : le pas, le trot et le galop. Nous allons les étudier successivement.

1° DU PAS

On croit généralement que le pas est l'allure la plus simple et qui n'exige aucun travail ; c'est une erreur. Le pas est une allure des plus difficiles, car le poids déplacé ne vient pas facilement l'entretenir, et ce n'est que par la force transmise du cavalier et un travail constant qu'on arrivera à maintenir le pas régulier et prompt.

Quelle que soit l'allure à laquelle on veuille faire passer le cheval, il faut commencer par le rassembler.

Dans ces conditions, pour faire partir le cheval au pas, il faut ébranler la masse par une pression de jambes, deuxième division (cette pression sera plus ou moins énergique suivant la sensibilité du cheval); fixer les mains pour recevoir le poids déplacé par les jambes; diminuer l'effet de mains, sans laisser la tête du cheval dévier, soit à droite, soit à gauche, au moment où un nouvel appui des jambes fait partir le cheval.

Une fois l'animal en mouvement, il faut entretenir l'allure régulière sans que de lui-même il ne s'arrête ou ne prenne le trot.

Pour cela, il faut maintenir la tête du cheval bien en ligne droite par une grande égalité des rênes et entretenir l'allure par le jeu des jambes alternées. Ainsi, le cavalier devra fermer la jambe droite au moment où l'épaule gauche du cheval quitte son point d'appui sur le sol pour se porter en avant. Si la jambe droite du cavalier saisit bien au passage cette élévation de l'épaule gauche, la jambe se tendra avec beaucoup plus d'énergie et le pas sera plus allongé.

Même travail pour l'effet de jambe gauche du cavalier lors de l'élévation de la jambe droite du cheval.

Ce travail des jambes, bien entendu, ne se fait que par intervalles ; soit lorsque l'on craint que le cheval ne s'arrête, soit lorsque l'on veut allonger l'allure, soit lorsque l'on veut changer de direction.

Ce serait une erreur du cavalier d'employer les deux jambes simultanément ; car, le poids déplacé venant trop promptement embarrasser les épaules du cheval, il se mettra à trottiner, et, si c'est un cheval d'action, on ne le ramènerait au pas qu'avec de grands efforts.

2° DU TROT

Le trot n'offre pas les mêmes difficultés comme emploi de jambes, mais exige beaucoup de tact dans la main.

Le trot est une allure diagonale que l'action des jarrets donne plus ou moins prononcée suivant l'énergie du cheval.

Pour avoir un trot régulier et rapide, il faut le faciliter par un soutien de la main, par la dépense plus ou moins énergique de l'élévation des épaules et surtout ne pas déplacer l'équilibre du cheval par des à-coups de mains qui gêneraient le jeu de ses jarrets, le désuniraient ou lui feraient prendre le galop.

Pour mettre le cheval au trot, le cavalier devra d'abord raccourcir légèrement les rênes et fixer les poignets en ayant soin de bien placer la tête du cheval; si elle est basse, l'élever; si elle est élevée, la descendre légèrement, mais la conserver bien en ligne droite devant lui. Le cavalier ensuite fera sentir les jambes, deuxième division, avec un peu plus de force que pour le départ au pas, pour déplacer le poids du centre de gravité sur les épaules, mouvement qui a pour effet immédiat d'obliger le cheval à se porter en avant. Aussitôt les jambes fermées, il se produit une élévation de la tête du cheval qui tire sur la main du cavalier et que celui-ci devra bien se garder de paralyser par une tension de rênes trop soutenue. Le cavalier ouvrira donc légèrement les doigts pour aider au mouvement ; il évitera les à-coups que la projection de son corps en arrière peut lui faire faire malgré lui et qui arrêteraient l'allure du trot.

Pour entretenir l'allure, rester les poignets fixes, ne pas augmenter le point d'appui sur la bouche et exercer de temps à autre de petites demandes répétées de jambes, deuxième division. Ces petits effets de jambes seront gradués et non pas brusques, ce qui amènerait des à-coups et par suite des irrégularités d'allures qui feraient faire au cavalier des appels de siège. Nous avons déjà dit que chez certains chevaux sensibles des appels de siège équivalent à une attaque.

Pour presser le trot, augmenter la main, c'est-à-dire tendre un peu plus les rênes en même temps que l'on augmentera la pression des jambes. Il est bien entendu que nous ne devons jamais faire une opposition de mains, sans en même temps faire suivre cette opposition d'une pression de jambes plus énergique.

Nous ne saurions trop insister sur ce fait, que les effets de mains et de jambes doivent toujours (à moins de quelques exceptions dont nous parlerons dans le cours de cet ouvrage) être *progressifs*. Nous allons en démontrer l'importance dans le travail nécessaire pour arrêter le cheval à l'allure du trot.

La locomotion du cheval s'effectue par suite du déplacement du poids de l'arrière-main sur l'avant-main. Si, par une tension brusque des rênes vous essayez d'arrêter votre cheval, vous provoquez une rencontre du poids de l'avant-main avec celui de l'arrière-main, rencontre de poids qui vient se briser sous la selle et amène un déplacement de siège.

Si donc vous voulez arrêter le cheval en évitant ce choc de deux poids en sens contraire, il faut donner le temps aux forces déplacées du cheval de retrouver leur équilibre.

Vous obtenez ce résultat en ralentissant l'allure par un effet de mains qui consiste, à rendre et à reprendre jusqu'à ce que l'on sente diminuer l'impulsion de vitesse et enfin l'arrêt se produire.

J'entends par rendre et reprendre, non pas, comme on le voit faire journellement, porter les bras en avant, puis en arrière.

D'abord vous devez déjà sentir votre cheval dans la main, puisque, au moyen des rênes, vous le soutenez dans sa vitesse ; il vous suffira donc d'ouvrir et de refermer les doigts alternativement et graduellement, en gardant

4.

toujours bien les coudes au corps, sans mouvements visibles des bras ou des poignets.

C'est au moyen de ce doigter délicat que vous ramenez progressivement le poids de l'avant et de l'arrière-main sous le centre de gravité; qu'alors la vitesse se ralentit et que le cheval passe à l'allure du pas.

A ce moment, il ne faut pas relâcher vos rênes d'un seul coup; il faut, au contraire, conserver votre soutien de mains pendant une vingtaine de mètres à l'allure du pas, en faisant un appui de jambe alternatif, seconde division.

Quand, tout à l'heure, votre cheval trottait, il avait tout son poids dans l'avant-main ; en sorte que, si vous rendiez tout à coup la main, le cheval, qui n'a pas eu conscience de ce déplacement de poids qui a changé son allure, pourrait trébucher par suite de ce manque de soutien.

Quand le cheval a retrouvé son aplomb, qu'il a perdu la vitesse acquise, vous pouvez sans crainte lui rendre la main.

C'est par cette gradation habile de la main que vous obtenez un arrêt facile et que vous évitez d'asseoir le cheval sur ses jarrets.

Trot de promenade. — C'est le trot dans lequel on recherche moins la rapidité que l'élégance. Pour l'obtenir, il faut élever la main, de manière à ne pas laisser tomber la tête du cheval, avec effets de jambes, deuxième division.

Le cavalier devra, avec le plus grand tact, et sans à-coups, calculer les efforts de son emploi de mains et de ses effets de jambes suivant les actions et la sensibilité du cheval qu'il monte, afin d'éviter des déplacements de poids trop violents que la main aurait beaucoup de peine à maintenir.

3° DU GALOP

On distingue trois sortes de galop : le galop juste, le galop faux et le galop désuni.

Le galop juste est l'allure du cheval dans laquelle il galope des deux jambes latérales, soit du côté droit, soit du côté gauche.

Le galop est faux lorsque le cheval n'est pas équilibré relativement à la ligne parcourue. Ainsi, lorsqu'on travaille un cheval en cercle et qu'on tourne du côté droit, on dira que le galop est faux si le cheval galope des deux jambes gauches, parce que, relativement à la force centrifuge, il ne sera pas équilibré.

Le galop faux n'existe pas en ligne droite, parce qu'alors, comme il n'y a pas de force centrifuge à combattre, le cheval pourra indifféremment galoper des jambes droites ou des jambes gauches.

Le galop désuni est un galop diagonal, jambe gauche de devant et jambe droite de derrière. Dans le galop désuni, le cheval est complètement déséquilibré. On s'aperçoit qu'un cheval galope désuni par un déplacement du siège de droite à gauche et de gauche à droite. Ce mouvement de déplacement est facile à comprendre par l'allure même de ce galop dans lequel l'élévation d'une jambe gauche de devant et d'une jambe droite de derrière produit une espèce de roulis qui renvoie le cavalier de côté. Il devra, dans ce cas, arrêter immédiatement son cheval, le remettre au pas, chercher à l'équilibrer et repartir sur les jambes latérales.

Nous avons signalé toute l'importance du tact de la main pour la base de l'assiette du cavalier; les déplacements de poids inopportuns sont le plus souvent provoqués par une main mauvaise qui donne des à-coups et qui déplace la tête, véritable levier du cheval. C'est le tact de la main, au contraire, qui règle la position de la tête du cheval, et les déplacements de poids voulus par le cavalier. C'est ainsi qu'il reporte à sa convenance le poids sur les différentes parties du cheval. En élevant la tête de l'animal, il reporte le poids sur l'arrière-main; en l'abaissant, il le reporte sur l'avant-main; en l'inclinant à droite, il reporte le poids à droite, allégeant le côté gauche; en l'inclinant à gauche, il reporte le poids du côté gauche, allégeant le côté droit.

Nous sommes en mesure maintenant de bien faire comprendre le départ au galop sur jambe droite.

Pour le départ au galop il faut un rassembler absolu ; il faut que le cavalier possède sous lui tout le poids de son cheval. Cette condition obtenue, déplacer légèrement la tête à gauche, fermer vigoureusement jambe gauche, deuxième division, avec rencontre de main sur l'effet de jambe gauche ; le cheval part au galop sur le pied droit.

Si, par l'appui isolé de la jambe gauche, le cheval, au lieu de partir au galop, vient à se traverser, il faudra le redresser vigoureusement par une attaque de jambe droite, troisième division, et, en repartant au galop, il faudra maintenir la jambe droite à la deuxième division.

C'est la jambe qui a déterminé le galop, qui en entretient l'allure et chaque fois qu'elle agira, ce sera sur une rencontre de main.

Revenons sur quelques points de ce départ au galop. Nous avons dit de déplacer légèrement la tête à gauche ; en effet, il faut bien se garder de ployer l'encolure, il suffit que l'œil et l'extrémité des naseaux du cheval soient tournés vers la gauche par un effet de main direct qui agit comme moyen de déplacement sur la barre et la partie correspondante du maxillaire. Il faut, dans ce mouvement, avoir bien soin, par la rêne d'opposition, de donner le tact à la rêne du commandement pour conserver son cheval dans la ligne droite, bien qu'ayant plus de force dans le poignet gauche que dans le droit.

Par ce mouvement léger d'inclinaison de la tête à gauche, vous déplacez le poids à gauche et partant vous allégez l'épaule droite.

L'attaque de la jambe gauche du cavalier ramène sous le centre de gravité la jambe gauche de derrière du cheval, et le porte en avant ; comme l'épaule droite est allégée, il part sur jambe droite.

Mêmes moyens en sens inverse pour le départ au galop sur jambe gauche.

Il faut avoir bien soin, dans l'allure du galop, de conserver son cheval dans la main et de bien le soutenir.

L'emploi de la jambe du départ pour entretenir l'allure du galop n'a pas pour effet de précipiter l'allure, mais de maintenir le déplacement de poids nécessaire au galop.

DU TROT A L'ANGLAISE.

La manière de monter dite « *à l'anglaise* », consiste en un mouvement d'élévation que fait le cavalier sur sa selle pour éviter les réactions plus ou moins dures du cheval qui trotte.

On a prétendu que dans le trot dit « *à la française* », le cavalier est plus solide sur son cheval. Je n'en crois rien. Dans le trot à l'anglaise, le cavalier ne perd rien de sa solidité, ni comme assiette, ni comme moyen de mettre en jeu ses forces transmises, s'il a le soin de conserver l'adhérence de ses genoux à la selle. Je suis très partisan de l'anglaise aussitôt que le cavalier est assis sur son cheval.

On rencontre chez beaucoup de cavaliers qui anglaisent un certain nombre de défauts contre lesquels il importe tout d'abord de se prémunir.

Les uns font remuer leurs jambes comme un balancier d'horloge ; les autres, pour enlever leur siège, portent la tête et les épaules très en avant.

Il est bien évident que ces cavaliers ne peuvent être solides à cheval, car, dans le premier cas, ils n'ont aucune fixité dans les jambes ; dans le second cas, que le cheval vienne à s'arrêter court, ou à faire un faux pas, ils courent grand risque de passer par-dessus la tête de leur cheval.

Il ne faut pas, en anglaisant, perdre de vue les principes sur lesquels repose la sécurité du cavalier. Il faut, pendant les premiers temps, beaucoup d'attention et de sévérité pour soi, en cherchant à se mettre d'accord avec les réactions produites.

Lorsque le cheval fait sa foulée de trot en avant, le cavalier est assis, parce que, en ce moment, le dos du cheval est concave ; au moment où le cheval réunit ses forces pour repartir en avant, le cavalier est en l'air parce que le dos du cheval est convexe ; il faut bien attendre que ces deux réactions se produisent et surtout en avoir conscience. Le cavalier n'a que bien peu de choses à faire pour entretenir son anglaise. Il prendra un léger point d'appui avec la pointe du pied sur l'étrier ; cette pointe de pied sera bien en dedans; l'articulation du cou-de-pied jouera librement, ce qui empêchera la pointe du pied de prendre un point d'appui trop fort sur l'étrier ; il observera une adhérence complète avec fermeté des genoux à la selle (ne pas confondre avec une pression trop forte) ; au moment où le siège s'enlève, il portera légèrement l'enfourchure en avant, en développant la poitrine et portant les épaules en arrière, tout en maintenant la tête droite.

En résumé, vous faites votre enlevé et vous n'avez aucun effort musculaire à faire parce que, lorsque le cheval s'allonge, vous vous asseyez, lorsque le cheval se rétrécit, vous vous enlevez. Vous restez plus ou moins longtemps assis ou plus ou moins longtemps en l'air, selon que les mouvements de l'allure du trot se produisent plus ou moins rapidement.

Au cavalier qui aurait de la peine à trouver le mouvement régulier de l'anglaise, je conseillerai d'essayer plusieurs temps de trot à l'anglaise, puis plusieurs temps de trot à la française en observant bien les réactions qu'il ressent sous le siège ; en recommençant plusieurs fois de suite cet exercice à une allure modérée, il en obtiendra rapidement un excellent résultat.

CHAPITRE V

CHAPITRE V

DU RASSEMBLÉ

Le rassemblé est la possession du cheval par le cavalier, possession obtenue par des effets de mains et de jambes combinés de telle façon que le cheval soit équilibré, quelle que soit sa construction (voir le chapitre traitant de l'équilibre du cheval suivant sa construction).

Nous avons décrit séparément, dans le chapitre ayant trait à la construction du cheval, l'avant-main, l'arrière-main et le centre de gravité. Ces trois parties forment un tout, dans lequel chacune d'elles doit être en harmonie avec les deux autres. Il faut que le poids du cheval soit réparti sur chacune d'elles avec égalité; et comme chacune de ces parties peut, par suite de la construction du cheval, être surchargée inégalement, c'est au cavalier, par le juste emploi de ses aides, à savoir rétablir l'équilibre, ou autrement dit, à équilibrer son cheval.

Pour rassembler son cheval, le cavalier doit ramener sous lui, dans le centre de gravité, tout le poids de l'avant et de l'arrière-main; ces poids se font équilibre et alors le cheval devient léger et obéissant aux aides.

Pour arriver à ce résultat, il faut ramener en avant par les jambes le poids de l'arrière-main, pendant que la main reporte en arrière le poids de l'avant-main; il y a là un flux et un reflux de poids dont, par suite de l'habitude, le cavalier arrive à se rendre compte, et que, par une juste opposition entre les effets de mains et les effets de jambes, il arrive à fixer sur le centre de gravité. Le cavalier parvient ainsi, par tâtonnements, à sentir que son cheval est léger sous lui, qu'il est rassemblé.

Dans cette recherche du rassemblé il faut un grand tact. Si l'effet de mains est hors de proportion avec l'effet de jambes, ou si l'effet de jambes est hors de proportion avec l'effet de mains, il en résulte du désordre dans l'équilibre du cheval.

Une condition indispensable pour obtenir le rassemblé est d'avoir une grande mobilité dans la mâchoire du cheval, mobilité qui, obtenue, amène la flexion facile de l'encolure.

Sans la possession de la tête et de l'encolure, pas de rassemblé possible. Tant que le cheval ferme la bouche en serrant les dents les effets de mains restent sans résultat. Sitôt que par une tension modérée et progressive des rênes, soutenue par un effet de jambes proportionné qui a pour but d'empêcher le cheval de reculer, vous avez obtenu l'écartement des mâchoires, vous cessez votre tension de rênes et votre effet de jambes, puis vous recommencez. Après quelques manœuvres semblables le cheval ne résiste plus à vos tensions de rênes, il cède immédiatement, il mâche son frein, son encolure se roue, et, si votre effet de jambes ne vient pas contrarier le résultat obtenu par la main, votre cheval est rassemblé, il est léger, équilibré. En ce moment, vous êtes le maître de toutes ses actions, il ne saurait vous échapper.

Le cheval ainsi rassemblé a toutes ses forces concentrées dans son centre de gravité, il est brillant, fier, il gagne en élévation ce qu'il perd en vitesse, il élève avec légèreté ses jambes de devant, il s'impatiente, il ramène sa croupe avec un certain mouvement de cadence dans ses jambes de derrière.

Il faut, dans cette recherche du rassemblé, éviter les abus qui finiraient par trop asseoir le cheval et amener des défenses, surtout celle de la cabrade.

Un cheval rassemblé ne veut pas toujours dire un cheval dont la tête est rapprochée du poitrail et l'encolure très rouée. Le but définitif du rassemblé est d'habituer le cheval à pouvoir être monté un peu par toutes les mains, sans danger pour le cavalier.

On a amené dans l'encolure du cheval une grande obéissance aux différents déplacements ; on a fait accepter au cheval la jambe du cavalier comme aide pour le déterminer à gauche ou à droite, pour le relever, pour assurer sa marche sur de mauvais terrains, pavés, descentes, etc ; et c'est justement cet équilibre qui lui est donné par la force transmise du cavalier qui lui inspire la confiance nécessaire pour marcher franchement.

Chez le cheval qui a une construction parfaite, il y a bien peu de chose à faire pour obtenir le rassemblé. Le cheval est tout disposé, par sa construction, à obéir aux aides ; c'est là surtout où il faut, de la part du cavalier, un grand tact de mains.

Le danger, dans ces constructions, est de

demander au cheval plus qu'il ne convient ; alors on le déroute, on finit par reporter tout son poids sur l'arrière-main, le cheval est désorienté, il devient rebelle au rassemblé, son arrière-main se tare ; d'un bon cheval on a fait un cheval vicieux qui se défend, devient dangereux et impropre au service qu'on en attend. Chez le cheval bien construit le talent du cavalier consiste à savoir toujours bien le garder sur la main.

Il faut éviter de chercher à le « *maquiller* » pour lui faire prendre des allures plus brillantes ; il ne faut pas forcer la nature ; il faut laisser ces procédés aux personnes qui exploitent le cheval pour la vente et qui, par des oppositions brutales entre les effets de mains et de jambes, lui donnent un brillant factice qu'il est incapable de conserver.

Dans le travail du rassemblé, tout est affaire de tact et de délicatesse. Méfiez-vous de ces brusques rencontres de poids de l'avant et de l'arrière-main qui, se faisant dans le centre de gravité par une trop brusque tension de rênes et une opposition démesurée de jambes, amènent une explosion des actions du cheval sous le centre de gravité et déplacent le cavalier.

Le cavalier qui sait rassembler son cheval d'une manière complète est un cavalier accompli. Le rassemblé, c'est l'équitation tout entière ; c'est la science de la main qui est tout pour le cavalier.

Pour beaucoup de gens, bien monter à cheval, c'est y être solide, c'est ne pas tomber, et, pour peu qu'ils possèdent l'adhérence à la selle, ils ne s'inquiètent pas de la main et vont de l'avant, persuadés qu'ils sont maîtres de leur cheval. Pour nous, ces gens font preuve d'une grande bravoure, d'une grande confiance en eux-mêmes, mais ils ne sont pas cavaliers.

Pour Baucher, qui fut un de nos meilleurs écuyers, sans le rassemblé il n'y avait pas d'équitation possible. Nous ne sommes pas aussi exclusif. Nous pensons que le bon cavalier doit pouvoir rassembler son cheval à un moment donné, quelle que soit sa construction, mais qu'il n'y a pas lieu de toujours tenir son cheval dans ce renfermé entre les aides qui finit toujours par le fatiguer et le contraindre.

C'est au manège surtout et particulièrement dans le travail de haute école, que le rassemblé est indispensable.

Pour les traversés au pas, au trot, au galop, pour le travail sur les hanches, les pivots sur l'avant et sur l'arrière-main, pas de bon travail possible sans le rassemblé.

Mais pour la promenade, les courses longues, fatigantes en raison de la nature ou des difficultés du terrain, il faut laisser un peu de liberté au cheval et lui fournir sur la main un appui en rapport avec les besoins de sa construction.

En thèse générale, il faut toujours rassembler son cheval lorsque l'on a quelque chose à lui demander.

CHAPITRE VI

CHAPITRE VI

DE L'ÉQUILIBRE DU CHEVAL SUIVANT SA CONSTRUCTION

Ce chapitre s'adresse au cavalier qui a déjà une certaine expérience du cheval, qui possède bien dans la main la tête et l'encolure, qui a déjà une bonne assiette et qui sait déplacer le poids par l'emploi bien calculé de ses jambes.

Le cheval nous dicte lui-même quelle est dans sa construction la partie la plus défectueuse, celle qui est plus ou moins lourde, celle dont il se sert le moins facilement, celle dont le poids l'embarrasse et qu'il ne peut déplacer lui-même ; il nous laisse deviner si sa partie faible ou forte est le rein, l'avant-main ou l'arrière-main.

Ce sont ces défauts de construction faciles à reconnaître, comme nous le verrons, qui constituent la plus grande difficulté qu'ait à vaincre le cavalier pour pouvoir utiliser un cheval avec entière sécurité pour lui, et pour jouir avec plaisir des services qu'il peut lui rendre. Il s'agit donc pour lui de tirer parti de toutes les constructions.

Pour mettre le cavalier à même de triompher de ces difficultés, nous avons choisi les six genres de construction que l'on rencontre le plus ordinairement, nous les avons décrits avec soin et nous avons indiqué le moyen d'en tirer parti.

Nous étudierons successivement :

1° Le cheval léger de l'avant-main ;
2°　　»　　lourd de l'avant-main ;
3°　　»　　fort des reins ;
4°　　»　　faible des reins ;
5°　　»　　lourd de l'arrière-main ;
6°　　»　　léger de l'arrière-main.

1° *Le cheval léger de l'avant-main.*

Le cheval léger de l'avant-main a une tête légère, une encolure longue, une épaule oblique, généralement le garrot ressorti. Il est plus haut sur son avant-main partant du garrot que sur son arrière-main, partie sur laquelle il est plus assis.

Par ses défenses de tête et d'encolure, il nous indique lui-même où est la difficulté à vaincre.

Si ce cheval est monté par un cavalier qui ait une mauvaise main, ou qui tienne ses poignets trop élevés, ou encore qui donne des à-coups sur la bouche à chaque changement de direction ; s'il le monte avec un mors trop dur ou une gourmette trop serrée, il est de toute évidence que, dans ces conditions, le poids sera reporté sur l'arrière-main, et partant, l'avant-main sera encore plus léger ; alors viendront des défenses telles que cabrades, ou sauts de mouton ; ou bien encore le cheval reculera à propos du moindre objet qui pourra l'effrayer. Le cavalier n'a plus rien dans la main.

Pour maîtriser cette construction, pour amener ce cheval à une grande docilité, il faut arriver à descendre un peu la tête et à la ramener en ligne perpendiculaire au sol. Il serait bon, pour commencer, de monter ce cheval avec un gros bridon comme embouchure et de l'habituer par les jambes à déplacer son poids sur l'avant-main. Il est là de la plus haute importance que le cavalier ait bien conscience que la sensibilité provoquée par ses jambes surcharge bien l'avant-main d'un poids nécessaire et indispensable.

Qu'on veuille bien me passer cette comparaison : De même que le vent qui souffle dans les voiles d'un navire lui donne l'impulsion, de même les jambes du cavalier pressant les les flancs du cheval doivent lui donner l'impulsion ; le timonier qui tient le gouvernail donne la direction, le cavalier qui tient le gouvernail (encolure) donne la direction. Que le vent vienne à cesser, à quoi servira le gouvernail ? le navire s'arrêtera ; que le cavalier cesse l'action des jambes, à quoi servira le gouvernail ? le cheval finira par s'arrêter.

Nous disions qu'il serait bon de monter ce cheval avec un gros bridon pour commencer. On devra répéter ce même travail avec le mors au bout de quinze jours, avec gourmette très lâche ; on la serrera progressivement jusqu'à ce qu'il ne puisse plus passer que trois doigts entre la gourmette et la ganache.

Si, pour une raison quelconque, il ne plaît pas au cavalier de se servir d'un gros bridon, qu'il monte ce cheval sur le filet.

Il faut beaucoup de jambes pour cette construction, et l'emploi s'en fera à la troisième division pour commencer le travail, puis plus tard à la deuxième.

Lorsque dans le dressage on s'aperçoit que, malgré les jambes, le poids ne vient pas assez sur l'avant-main, le cavalier se servira de la cravache avec énergie en arrière de sa jambe.

Le résultat devient certain ; le cheval vient de lui-même tirer sur les poignets du cavalier ; et quand, par suite du dressage, il est complètement mis, la mâchoire inférieure s'abaisse, la bouche s'ouvre, la mâchoire supérieure vient frapper l'inférieure, le cavalier a la pleine possession de son cheval. Tous les muscles de l'encolure concourent à la rouer et facilitent la répartition plus tard pour des mains beaucoup moins expérimentées.

2° Le cheval lourd de l'avant-main.

Ce cheval se distingue par une construction toute différente.

La tête est lourde, l'encolure courte et épaisse. La construction busquée ou moutonnée de la tête, qui est le levier, rend le cheval lourd dans son avant-main qui est souvent plus bas que son arrière-main.

La jument qui a le garrot moins développé que le cheval a souvent, par suite de cette construction, la ruade plus facile.

Le cheval lourd de l'avant-main, si, comme défense, il fait un saut-de-mouton, déplacera peu son cavalier; ses réactions sont rarement dures; mais il descendra immédiatement la tête vers le sol et, si le cavalier, par la tension de ses rênes, fait un grand mouvement de résistance, il cherchera à tirer plus fort pour le jeter hors de selle. Ou bien encore il plonge sa tête vers la terre, et, si le cavalier l'attaque avant de la lui avoir relevée, il cherche à se sauver soit au trot, soit au galop, si toutefois il ne s'emporte pas.

Il y a une remarque spéciale à faire sur la construction des chevaux lourds de l'avant-main, remarque qui a été bien discutée par tous ceux qui ont écrit sur l'équitation, et qui consiste à rejeter le défaut qu'a la jument de ruer plus que le cheval sur la différence des sexes.

Pour nous, c'est une erreur. Comme, par

suite de sa construction, la jument est généralement plus lourde de l'avant-main que de l'arrière-main, on cherche, dans un dressage plus ou moins bien compris, à l'équilibrer pour pouvoir en tirer parti.

Or, il arrive le plus souvent que le cavalier fait des attaques de fer ou de cravache trop en arrière, et quand il a persisté ainsi pendant quelque temps, il a tellement augmenté le déplacement de poids de l'arrière-main sur l'avant-main qu'il ne peut plus faire un mouvement sur sa monture sans provoquer des ruades ; s'il y a eu grand abus du fer, il arrive, chez certaines juments très nerveuses, qu'elles finissent par crier ; d'autres en viennent à ce point que, au montoir, elles se mettent à ruer sitôt que le cavalier a le pied dans l'étrier.

Avec cette construction on rencontre beaucoup de chevaux qui rasent le tapis.

Pour combattre cette construction, il faudra monter le cheval avec le seul bridon, ou, à son défaut, avec le filet, les poignets assez élevés. Toutes les fois que le cavalier voudra élever la tête de son cheval, il devra faire agir énergiquement les jambes à la première division, en commençant toujours par l'effet de mains avant l'effet de jambes.

Si ce cheval cherche à gagner à la main ou à être désobéissant, il faudra se méfier de l'emploi de la cravache. Il ne faut s'en servir avec ces constructions que s'il y a refus de direction, ou refus de passer quelque part, ce qui amènerait un temps d'arrêt.

Ce cheval, peu agréable à l'œil, ne fait pas valoir son cavalier, mais est en général très franc. Celui qui a la tête busquée a ordinairement l'œil petit, dit de cochon, il est souvent peureux. Cette tête repose assez fréquemment sur une encolure grêle et une attache assez fine, ce qui favorise les manœuvres de son cavalier pour s'en rendre maître, et qui rend le coup de cravache plus facile bien que le poids soit sur l'avant-main.

Il ne faut jamais monter ces chevaux avec des mors durs ni avec des gourmettes très serrées.

Lorsque l'avant-main sera devenu moins lourd, on pourra commencer à monter ce cheval avec un mors à branche très courte et des molettes d'éperon très douces.

3° *Le cheval fort des reins.*

Le cheval est fort des reins, lorsqu'il a du mal à se détendre et qu'il se gonfle sous le poids du cavalier qui se met en selle ; qu'il se ramasse et fait des bonds sur place avant de partir. (Bien entendu, je ne veux pas parler des jeunes poulains qui n'ont jamais rien fait et qui bondissent au sanglage parce qu'ils sont comprimés.)

Je vais, en passant, donner un conseil aux cavaliers qui montent un cheval pour la première fois, surtout quand il s'agit de chevaux vigoureux, chevaux de sang, chevaux de chasse. Il faut lui faire faire quelques pas en avant, au trot et en main et avoir la précaution de regarder si la tête s'élève, si le rein est bien allongé sur la détente des foulées de trot, ou si, au contraire, il rete convexe; si le cheval détache bien la queue.

Si le cheval jouait trop avec sa tête on aurait affaire à un cheval léger de l'avant-main; s'il garde le rein convexe, il faudra se méfier des bonds et veiller à ce que ce cheval-là ne soit pas trop sanglé; s'il avait la queue serrée qui accompagne d'ordinaire le dos convexe, cela annonce un cheval peu confirmé n'ayant que peu l'habitude du service de la selle; dans ce cas, il faut être d'autant plus sur ses gardes que le cheval est dangereux par défaut de dressage.

Revenons au cheval fort des reins. Il montre généralement une grande résistance pour se mettre au pas, il se contracte, il cherche à faire des bonds et garde cette attitude pendant assez longtemps.

Son départ est brusque; s'il n'a pas affaire à un bon cavalier qui le laisse partir sans se rattraper aux rênes, s'il reçoit des à-coups sur la bouche, il ne tarde pas à se défendre énergiquement en portant son poids sur l'arrière-main et, à la moindre difficulté, il se met à reculer avec violence. Situation dangereuse pour le cavalier qui, la main fixe et sûre d'elle-même, devra l'attaquer très vigoureusement derrière la jambe.

Quand, au moment du départ, il ne fait que se défendre un peu contre un à-coup de mains de son cavalier, il ne faut pas le corriger, mais bien le monter avec beaucoup de douceur, le faire partir plutôt avec un appel de langue qu'avec des coups de talon.

Un bon cavalier, et qui dit un bon cavalier dit un cavalier sage et prudent, vient facilement à bout de l'excès de forces des reins de ce cheval, en tâchant de détendre les épaules et de faire chasser l'arrière-main.

Une bonne précaution à prendre, si le cheval était trop énergique au départ, serait de lui faire faire en main une centaine de mètres au trot, de le remonter, et d'être prêt à partir immédiatement.

Avec ce genre de construction, aussitôt en

selle, il faut aller de l'avant sans attendre deux heures pour ajuster ses étriers ou ses rênes.

Plus tard, à mesure que le cheval part plus facilement et plus tranquillement on peut l'habituer à attendre son cavalier.

Avec le cheval fort des reins, le siège du cavalier est souvent déplacé de haut en bas par des réactions assez dures ; le cavalier devra éviter de retomber lourdement sur sa selle, ces attaques de siège étant de nature à déséquilibrer le cheval.

4° *Le cheval faible des reins.*

Le cheval faible des reins est appelé également « *ensellé* ».

Ce cheval a généralement l'encolure dite « *cou de cygne* » et une tête très bien attachée ; il est très brillant, facile, et d'une grande docilité ; il fait un fort beau cheval de selle.

Chez lui le rein est concave, d'où la dénomination d'ensellé.

Ce cheval est long-jointé, il a des allures douces et est assez bien équilibré pour faire un service de parade. Il ne sera qu'exceptionnellement un cheval de fond; c'est un mauvais sauteur; il est meilleur au trot qu'au galop.

5° *Le cheval lourd de l'arrière-main.*

Le cheval lourd de l'arrière-main a la croupe massive large et descendue ou « *avalée* ». Il n'y a rien de bien particulier à dire sur ce genre de croupe qui est tellement disgracieux qu'on rejette souvent ce cheval du service de la selle. Ce cheval a besoin d'une grande force transmise de son cavalier pour l'équilibrer.

Le cheval lourd de l'arrière-main s'appuie souvent sur le fer. Si c'est une jument, malgré le poids de son arrière-main, elle se surexcite sur les attaques et finit par donner des « *coups de pied en vache* », essayant d'arracher l'éperon de la botte du cavalier. Si le cheval est actif, sur l'abus de l'emploi du fer, il ruera malgré la lourdeur de l'arrière-main.

6° *Le cheval léger de l'arrière-main.*

Ce cheval a la croupe légère. De ce fait il ne faudrait pas conclure qu'il est lourd de l'avant-main, bien que celui-ci déplace sa croupe avec plus de facilité pour se défendre. Le cheval à croupe légère peut offrir des difficultés que l'on ne rencontrera certainement jamais chez le cheval lourd de l'avant-main ; ainsi sa croupe est très mobile, elle se porte, quand le cheval est arrêté, à gauche, à droite, elle s'impatiente chaque fois qu'on veut la redresser, elle se déplace d'une manière exagérée dans le sens opposé. Elle se met en opposition avec le déplacement de l'avant-main, et, lorsque la jambe du cavalier veut la maintenir dans le cercle, le cheval se défend et s'arrête souvent brusquement. Si l'on veut faire repartir le cheval il fait des sauts de pie, des cabrades ou des pas de côté malgré les efforts du cavalier; dans des endroits clos, il cherchera à vous serrer les jambes contre le mur, ou, sur une route, le long des arbres.

Pour équilibrer ce défaut de construction, assez rare du reste, il faut beaucoup de sang-froid et faire faire au cheval beaucoup de travail au pas.

Il faudra que ce cheval soit dressé sévèrement à la jambe et qu'il la craigne ; ne rien lui demander d'abord que des lignes complètement droites, peu d'airs de manège, le pousser toujours en avant et vigoureusement par les jambes placées à la deuxième division ; placées à la troisième division pour le redresser quand il porte sa croupe soit à droite soit à gauche.

Il est bien entendu que dans tous ces effets de jambes que nous recommandons, il ne doit y avoir dans l'esprit du cavalier aucune idée de correction

Chacun de ces effets de jambes doit amener le déplacement de poids que nous demandons et doit lui être proportionné ; s'il en était autrement, cela amènerait chez le cheval un état de surexcitation qui aurait pour résultat d'annuler tout notre travail.

Pour remédier à la défense du cheval qui consiste à serrer les jambes de son cavalier contre un mur, contre les arbres qui bordent la route, ou contre une voiture, il faut lui porter immédiatement la tête du même côté, et, si le lieu le permet, l'attaquer de la cravache si l'on est bien maître de sa tête.

Il faut bien faire attention à cette construction pour ne pas la manquer, car le cheval pourrait devenir « *au rebours* » ou rétif et il demanderait de nouveau un dressage long et pénible.

Ce défaut de construction se rencontre souvent chez des chevaux ayant beaucoup de sang et dont l'ensemble général de la construction est léger.

CHAPITRE VII

CHAPITRE VII

FORCES DU CAVALIER

Le cavalier possède une force qu'on appelle *force transmise*.

Elle consiste dans le renfermé de la main ou rassemblé ; dans la fixité des genoux pour assurer l'assiette du cavalier, dans la pression du fer ou dans l'action de la cravache.

FORCES DU CHEVAL

Le cheval possède deux forces : la *force musculaire* et la *force instinctive*.

La force musculaire est celle qu'il possède

pour nous porter, ou pour traîner un fardeau quelconque.

La force instinctive est celle dont il se sert pour opposer son poids au commandement du cavalier.

SENTIR SON CHEVAL

Le cavalier, par suite de la locomotion du cheval, doit percevoir sous le siège une sensation de déplacement de poids, et cette sensation doit le tenir en éveil, quelle que soit l'allure, et le mettre à même de parer aux dangers qu'il peut avoir à courir.

Le cavalier sent son cheval sous lui, d'une part, par la pression dans ses mains des rênes qui sont pour lui comme un véritable fil télégraphique qui le met constamment en correspondance avec le levier et le gouvernail (tête et encolure) de son cheval, d'autre part, au moyen de l'adhérence de son siège sur la selle, adhérence obtenue par le poids de son propre corps. C'est ainsi qu'il est averti instantanément de tout déplacement de poids qui s'opère dans le centre de gravité.

SURPRENDRE LE CHEVAL

A moins de circonstances imprévues, toutes les fois qu'un cavalier veut obtenir quelque chose de son cheval, il ne doit pas faire sa demande d'une manière brusque, autrement il *surprend son cheval.*

Le cheval ainsi surpris est déséquilibré, et le cavalier exposé à une défense.

Un cavalier, éprouvant tout à coup le besoin de se faire remarquer, attaquera brusquement son cheval par de mauvais effets de mains ou de jambes et le surprendra.

Un cavalier, montant un cheval de peu d'action, l'attaque brusquement et sans mesure ; pris lui-même au dépourvu par des défenses, il surprend son cheval par des tensions de rênes imprévues et inopportunes.

Lorsque l'on veut mettre son cheval au galop ou au trot, sans l'avoir préparé par le rassemblé, et que l'on n'est pas prêt à recevoir ses actions, on le surprend.

Le bon cavalier ne surprendra jamais son cheval ; si, involontairement, il commet l'erreur, il s'en tirera à son avantage ; mais le cavalier inexpérimenté courra grand risque de perdre son assiette.

POUR ARRÊTER SON CHEVAL

Il est utile, chaque fois que l'on est obligé d'arrêter son cheval, d'agir par des moyens d'avertissement, et de prévenir le déplacement du poids du cheval d'avant en arrière en rendant et en reprenant les rênes tour à tour ; il faut en même temps placer les jambes à la deuxième division pour arrêter le poids dans le centre de gravité. Cet effet de jambes a pour but de combattre le poids, en ce sens qu'il l'empêche de se porter complètement sur l'arrière-main et de fatiguer ainsi les jarrets du cheval.

Si, par hasard, on se trouvait surpris et que l'on fût obligé d'arrêter court, il faudrait d'autant plus multiplier l'effort des jambes que l'on surprendrait davantage le cheval par l'effet de mains.

Dans le cas où le cavalier négligerait l'effet de jambes, il pourrait, dans un commandement brusque de la main, jeter son cheval à terre.

ALLÉGER LE CHEVAL

Cette expression se dit de l'élévation que le cavalier cherche à donner à son cheval en tirant partie de ses forces transmises pour raccourcir ses allures de trot ou de galop. Il fait ainsi valoir son cheval qui s'élève davantage du sol et qui gagne en hauteur ce qu'il perd en vitesse.

On dit aussi alléger un cheval lorsque l'on

cherche à donner des allures artificielles à un mauvais cheval par une puissante force transmise du cavalier ; c'est ce qui se passe pour la présentation de certains chevaux dont on veut faciliter la vente.

HO... LA... !

Cette exclamation est un appel fait au cheval pour le calmer dans le cas où, par suite d'un rébellion de sa part, les aides du cavalier sont impuissantes.

Lorsque le cheval, contractant énergiquement son encolure, prend un point d'appui trop fort sur les poignets du cavalier, il est souvent utile pour l'arrêter de se servir de la voix en disant « *ho... là !...* »

Elle est également utile dans le dressage du cheval pour lui faire prendre patience et permettre d'attendre que la force transmise du cavalier puisse avoir son plein effet.

Cette exclamation doit être prolongée, un

peu traînante et faite d'une voix sourde et grave. Si on la faisait d'une voix aiguë et criarde, elle aurait pour effet de surexciter le cheval.

LA SACCADE

La saccade est un à-coup donné sur la bouche du cheval par la main du cavalier.

On dit aussi dans ce cas *sonner* sur la bouche du cheval.

Beaucoup de personnes qui montent à cheval ont la mauvaise habitude, pour ébranler leur monture ou en accélérer l'allure, de donner ainsi des à-coups. Il arrive alors souvent que le cheval ne leur répond pas ou se défend, car, avec leurs à-coups de mains, ils l'excitent plutôt à marcher en arrière qu'en avant.

La main ne sert qu'à donner la direction au cheval ; ce sont les jambes qui sont chargées de le porter en avant.

LA MAIN LÉGÈRE

On dit que la main est légère lorsqu'elle possède un grand tact ; qu'elle est en rapport constant avec le poids déplacé ; qu'elle sait ne jamais être surprise. Il faut encore qu'elle ne fasse jamais, ni en avant, ni en arrière, un mouvement de nature à déséquilibrer le poids du cheval.

Une main légère sait, par un tact de souplesse, prendre possession de n'importe quelle construction d'encolure sans gêner la marche du cheval, ni provoquer ses défenses.

Le cavalier qui a la main légère saura, même après un déplacement, retrouver son assiette sans se raccrocher aux rênes.

RASER LE TAPIS

Se dit du cheval dont les sabots se soulèvent avec peine pour se porter en avant.

Les chevaux qui ont ce défaut sont dangereux pour la selle, car ils buttent facilement à la moindre inégalité du sol ou à la rencontre du plus petit corps étranger.

DU FAUX PAS DE L'AVANT-MAIN ET DE LA MOBILISATION DE L'AVANT-MAIN

Dans le faux pas de l'avant-main, le cavalier devra tirer les rênes à lui et faire une pression plus ou moins énergique des jambes *à la première division.*

Pour déplacer l'avant-main sur la droite, tendre *la rêne droite avec opposition de rêne gauche* et exercer une pression avec la *jambe gauche* placée à la *première division.*

Pour déplacer l'avant-main sur la gauche, moyens inverses.

Pour descendre une côte, il faut élever légèrement les poignets et tenir les jambes *à la première division ;* il faut agir de même lorsque l'on passe dans des terrains ravinés ; on assure ainsi la marche de son cheval.

DU FAUX PAS DE L'ARRIÈRE-MAIN ET DE LA MOBILISATION DE L'ARRIÈRE-MAIN

Dans le faux pas de l'arrière-main, le cavalier devra rendre la main et faire sentir les jambes *troisième division*.

Pour mobiliser l'arrière-main, il faudra d'abord immobiliser l'avant-main par la fixité des poignets, puis, avec la jambe gauche placée *à la troisième division*, on portera l'arrière-main du cheval sur la droite; avec la jambe droite placée *à la troisième division*, on portera l'arrière-main sur la gauche.

Pour une glissade occasionnée par un accident de terrain ou par la faiblesse de l'arrière-main, on devra également rendre la main et, avec précaution, soutenir le cheval par les aides de jambes, *troisième division*.

Je recommande expressément de ne pas brusquer les attaques de soutien de l'arrière-main.

DU TEMPS D'ARRÊT

Nous engageons les cavaliers à se méfier du temps d'arrêt, parce qu'il est toujours brusque et qu'alors il y a surprise.

Il faut être surtout sur ses gardes lorsque l'on veut faire franchir un obstacle à son cheval. Dans ces cas, il arrive souvent, on ne sait trop pourquoi, que le cheval arrivé devant l'obstacle, s'arrête tout à coup et se pique sur ses jambes antérieures. Si le cavalier ne combat pas immédiatement la force de projection par une énergique retraite de corps, elle le fera passer par-dessus la tête de son cheval.

Une fois la retraite de corps opérée, le cavalier attaquera vigoureusement son cheval de la cravache et des jambes, et le portera de nouveau sur l'obstacle.

DU SAUT DE LA HAIE

Beaucoup de personnes croient qu'on enlève un cheval pour lui faire sauter un obstacle.

On l'aide seulement par la main, et, en soutenant les jambes, on augmente l'action du cheval ; mais comme la main du cavalier vient contrarier l'effet des jambes, le cheval donne en hauteur ce qu'on lui fait perdre en vitesse. En général, les sauts plus ou moins hauts d'un cheval dépendent de sa construction et de son action.

Le saut de la haie demande généralement un cheval ayant des aptitudes. Certains chevaux sautent en largeur, d'autres en hauteur.

Lorsque le cheval saute en hauteur et se pique après le saut, il est dangereux pour sauter un obstacle en largeur, il tombera inévitablement dedans. Il est de plus très déplaçant pour son cavalier qui devra être très familiarisé avec la retraite de corps, seul moyen pour lui d'éviter la chute.

Le cheval qui se jette dans les obstacles, tel, par exemple, le cheval lourd de l'avant-main, est toujours dangereux. Il ne faut pas confondre le cheval lourd de l'avant-main avec le cheval qui tire à la main. Ce dernier est généralement un bon sauteur, mais il demande un cavalier très prudent, ayant beaucoup de sang-froid, sachant bien l'amener sur la haie. Avec ce cheval, le cavalier prendra garde qu'il ne se dérobe, ou qu'il ne s'arrête court, car, dans le premier cas, il ne pourra pas même se servir de sa cravache pour paralyser l'écart, le cheval s'emporterait ; dans le second cas, il faudrait faire une retraite de corps immédiate et appliquer la cravache sans autre réflexion.

Le cheval de chasse, très recherché par les amateurs, est généralement un cheval très bien équilibré, ayant le garrot assez en arrière, le rein court, le jarret assez droit. Selon les aptitudes de son cavalier, il se livre plus ou moins bien sur la haie, mais il est généralement très franc. Malgré cela, il faudra toujours se tenir sur ses gardes, et se rappeler immédiatement qu'il n'y a que la retraite de corps qui puisse sauvegarder le cavalier contre les refus de sauter, les arrêts brusques; c'est encore elle qui le protègera, lorsque le cheval, après avoir sauté, se sauve au galop.

Pour reconnaître les aptitudes de son cheval et bien le juger, on le met au caveçon, légèrement enrêné sur le bridon, en cercle, et on lui fait sauter l'obstacle sans cavalier; on peut le faire ensuite sur la ligne droite en suivant le cheval avec la chambrière. De cette manière le cavalier sait bien vite à quoi s'en tenir sur la franchise de son cheval, sur sa manière de sauter, et sur le degré de force transmise dont il aura besoin de faire usage pour le faire sauter.

CHAPITRE VIII

CHAPITRE VIII

DU CHEVAL QUI ENCENSE

Le cheval qui encense est celui qui remue constamment la tête de bas en haut ; on dit également qu'il bat à la main.

Ce genre de cheval a généralement la construction d'encolure que nous avons décrite sous le nom d'*encolure renversée*.

Ces mouvements verticaux de la tête (*levier*) du cheval sont très déplaçants pour le cavalier qui en perçoit les contre-coups sous le siège.

Les commençants qui ont généralement le défaut de se porter sur la bouche de leur cheval pour venir au secours de leur assiette, trouvent ces chevaux très désagréables, d'un trot très dur et renoncent bientôt à les monter.

Et cependant le pur-sang, tant estimé par les bons cavaliers, présente souvent cette construction d'encolure et a aussi le défaut d'encenser.

Il nous faut cependant tâcher de venir au secours d'un cavalier en présence de cette construction; il nous faut tâcher de le mettre à l'aise sur son cheval, de le lui faire aimer, car ces chevaux sont généralement des chevaux énergiques, possédant beaucoup de fond.

Evidemment un gros bridon et une martingale arrivent aisément à triompher de cette encolure.

Mais nous parlons du cheval de selle que son cavalier doit mettre en bride pour paraître convenablement.

Le cavalier devra donc bien fixer la main en surveillant les élévations de tête récidivées du cheval et, lorsqu'il commencera à bien sentir son cheval en main, en marchant le pas, il fera une résistance légère de la main tout en rapprochant doucement les mollets *à la deuxième division;* puis il augmentera la main tout en donnant de petits coups de talon. Bientôt l'encolure se rouera et viendra se fixer, le cheval ouvrira la bouche; le cavalier sera maître de son cheval.

On fera le même travail au trot en évitant les à-coups de mains et les pressions trop brusques des jambes.

En répétant tous les jours ce travail avec patience, on arrive en peu de temps à monter facilement le cheval qui encense et à en tirer un très bon service.

Nous recommandons expressément de ne pas user de violence avec cette construction. Ce n'est pas par la force mais le tact que nous arriverons à en triompher.

L'encolure est une partie du cheval à l'égard de laquelle le cavalier doit user d'une extrême prudence; il ne faut pas la bousculer, car elle se révolte; le poids se déplace, le cheval porte la tête au vent; et voilà déjà le cavalier inquiet qui veut faire un second effort de mains pour descendre la tête; mais voilà que ses jambes se sont fermées involontairement et le cheval part au trot ou au galop; le cavalier tire sur ses rênes de toutes ses forces et ne peut l'arrêter.

« *Le cheval a pris le mors aux dents?* » Non, c'est le cavalier qui a mis le mors sur les dents de son cheval.

Nous avons dit que, par suite de l'abus des effets de mains et de jambes, et du déplacement de poids inévitable qui en résultait, le cheval portait au vent. La position de sa tête étant alors horizontale, tous les efforts que le cavalier fait sur les rênes ne se produisent, ni sur les commissures, ni sur les barres, mais bien sur les molaires; les canons du mors ne peuvent donc réveiller la sensibilité qui pourrait aider à ramener l'encolure du cheval, reporter le poids sur l'arrière-main et paralyser ainsi le jeu de ses jambes.

DU CHEVAL QUI S'ENCAPUCHONNE

Le cheval qui s'encapuchonne ramène le bas de la tête près du poitrail par un mouvement exagéré de flexion de son encolure.

Dans cette position, les branches du mors viennent prendre appui le long du poitrail, et ainsi se trouvent paralysés les efforts du cavalier pour maîtriser son cheval.

Le cheval qui s'encapuchonne nous offre le défaut opposé au cheval à l'encolure renversée qui encense, et ces deux défauts peuvent, par le manque de tact du cavalier, aboutir au même résultat : *le cheval qui s'emporte*. Tous deux gagnent à la main et peuvent ainsi, par leur défense, paralyser les efforts du cavalier.

Cet accident du cheval qui s'emporte provient, dans l'un comme dans l'autre cas, des mauvais effets de mains et de jambes du cavalier et, souvent aussi, à propos d'une surprise. Le cheval, en effet, ne part pas ainsi sans raison droit devant lui, la tête au vent, ou encapuchonnée.

Il faut, en effet, ou que le cavalier le surexcite sans raison avec la cravache ou l'éperon sans être maître de son encolure, ou que le cheval soit surpris ou effrayé, au moment où le cavalier ne s'y attend pas, par un bruit quelconque, une porte ou une croisée qui s'ouvrira tout à coup à ses côtés, un charretier maladroit ou malintentionné qui fera brusquement claquer son fouet, un chien qui s'élancera bruyamment sur ses pas, etc.

Dans tous ces cas, c'est de l'encolure que nous vient le plus de résistance; le cheval plonge, tout son poids se porte sur l'avant-main.

Le cavalier évitera de tirer sur les rênes, car ainsi il donnerait au cheval un point d'appui plus énergique qui entretiendrait la défense. Il s'empressera de prendre le filet en portant légèrement les mains en avant pour refuser au cheval tout point d'appui; en même temps il élèvera légèrement les mains en haut en les ramenant à lui; il recommencera ces mouvements plusieurs fois de suite, si le premier n'a pas suffi. La tête se relèvera, reportant le poids en arrière et le cavalier sera maître de son cheval.

Chez le cheval qui s'encapuchonne, la masse est en bas, la tête est lourde et entraîne le poids du cheval sur l'avant, augmentant ainsi la rapidité du jeu des jambes. C'est alors que le cavalier, par le tact calculé de ses effets de mains, et les jambes tenues vigoureusement *à la première division*, relève la tête du cheval par le filet et que tout rentre dans l'ordre.

DE LA RUADE

On dit d'un cheval qu'il rue lorsqu'il porte tout le poids de son arrière-main sur son avant-main et, qu'ayant ainsi allégé son arrière-main, il l'enlève violemment pour se débarrasser de son cavalier.

Pour prévenir cette défense, prendre légèrement les rênes, élever un peu les mains, en plaçant les jambes *à la première division*.

Le cavalier reporte ainsi le poids sur l'arrière-main et évite la ruade.

DE LA POINTE ET DU SAUT DE PIE

La pointe se dit d'un déplacement de poids provoqué de l'avant-main sur l'arrière-main, avec un temps d'arrêt.

La pointe est le diminutif de la cabrade.

Le saut de pie, déplacement qui a le même mécanisme, est un dimininutif de la pointe. Souvent, au départ du galop, lorsque les cavaliers ont trop de main, le cheval fait plusieurs sauts de pie.

Pour éviter la pointe, ainsi que le saut de pie, le cavalier devra avoir une grande légèreté de main et, au moyen de jambes portées *à la deuxième* et au besoin *à la troisième division*, reporter le poids sur l'avant-main.

Dans le cas où il y aurait de trop fréquentes récidives, il faudrait craindre que cela ne dégénérât en cabrade, et ne pas hésiter alors à corriger le cheval énergiquement avec la cravache, de façon à alourdir l'avant-main trop léger.

DE LA CABRADE

La cabrade est le contraire de la ruade. Le cheval reporte son poids de l'avant sur l'arrière-main et enlève ses jambes de devant.

Le cavalier n'a qu'une seule chose à faire : rendre absolument la main et se porter légèrement en avant.

Ce serait une grande faute à un cavalier d'attaquer son cheval lorsque son avant-main se trouve enlevé ; il faciliterait encore le déplacement du poids de l'avant sur l'arrière-main et exciterait son cheval à s'élever encore davantage.

Donc, tant que le cheval manque de soutien,

il ne faut pas l'attaquer; mais, aussitôt qu'il est retombé à terre et qu'il a fait quelques pas, il ne faut pas hésiter à lui appliquer quelques vigoureux coups de cravache en arrière de la botte pour le porter énergiquement en avant.

Il y a un principe en équitation absolument vrai, c'est celui-ci : *On évite la cabrade en évitant le temps d'arrêt.*

Donc, ne laissons pas au cheval le temps de s'arrêter, il ne pourra se cabrer. Un cheval au pas, au trot, au galop peut ruer, il ne pourra jamais se cabrer.

DE L'ÉCART

L'écart consiste en un brusque déplacement de côté fait par le cheval à propos d'une peur, quel qu'en soit l'objet.

Avant d'indiquer la conduite que devra tenir le cavalier avec les différentes variétés de chevaux peureux, nous allons dire de suite ce qu'il doit faire quand son cheval lui fait un écart, soit à droite, soit à gauche.

Si l'objet ou le bruit qui effraye le cheval se trouve sur *la droite,* il fait un écart *à gauche.* Pour assurer son assiette, le cavalier devra immédiatement tendre vigoureusement la *rêne gauche* et appuyer fortement la *jambe gauche à la seconde division ;* si l'écart se produit *à droite, rêne droite* et *jambe droite seconde division.*

Cette manœuvre « *rêne gauche, jambe gauche* » étant en opposition avec celle plus courante de « *rêne droite, jambe gauche* », nous allons expliquer au lecteur en quoi elle nous paraît préférable.

L'objet de la peur est à *droite,* le cheval se jette sur la *gauche.*

Si vous tirez *rêne droite,* vous avez deux effets de poids contre vous et votre effet de jambe gauche n'est plus assez puissant pour s'opposer au déplacement. Vous avez le déplacement de poids provoqué par la peur du cheval et celui que vous provoquez vous-même, puisque en tirant *rêne droite* vous jetez les hanches *à gauche*, venant ainsi en aide au déplacement.

Si, au contraire, vous tendez *rêne gauche*, vous opposez la tête au déplacement des hanches que vous déterminez *à droite* et vous venez ainsi en aide à votre jambe gauche.

Voyons maintenant les différentes conditions dans lesquelles le cavalier peut avoir à lutter contre un écart.

Nous distinguerons le cheval peureux « *par l'œil* », le cheval peureux « *par l'oreille* », et le cheval « *inquiet* ». Il y a aussi l'écart du jeune cheval que l'on monte pour la première fois et pour qui tous les objets sont nouveaux. Disons de suite que pour l'écart du jeune cheval, le cavalier ne lui opposera que la résistance de la main, mais sans le corriger, et en appliquant les effets de mains et de jambes que nous avons indiqués plus haut.

Le cheval peureux « *par l'œil* » est plus dangereux que le cheval peureux par l'oreille;

tous deux se jetteront de côté, mais le cheval peureux par l'oreille se portera néanmoins en avant, tandis que le cheval peureux par l'œil s'arrêtera brusquement, et résistera à l'effort de son cavalier. Le cheval qui a la vue faible est aussi peureux par l'œil, mais dans ce cas, comme la peur est subite, le cavalier n'est pas prévenu et court grand risque d'être déplacé.

Chez le cheval peureux « *par l'oreille* », nous avons plusieurs cas à distinguer.

Quand le bruit qui l'effraye vient de loin et d'en arrière, le cheval fait un écart et part au galop ; dans ce cas il ne faut jamais l'attaquer, il suffit de le calmer par la voix.

Si le bruit vient de loin, mais de l'avant, le cheval fait un « *tête à queue* ». Dans ce cas il faut bien fixer le cheval dans la main et l'attaquer vigoureusement de la cravache après l'avoir redressé dans sa direction.

Si le bruit vient de près, le cheval commence par manifester de l'impatience, il piaffe et presque toujours arrive à la cabrade.

Le cavalier devra calmer son cheval par la voix, s'il n'y a pas trop longtemps à attendre dans cette situation, et juger du résultat ; dans le cas contraire, il cherchera une direction où il puisse ébranler la masse. Dans ces conditions, il ne faut jamais attaquer le cheval, soit qu'on se retire, soit pendant le moment d'impatience causé par la peur ; si on ne trouvait pas de direction dans laquelle on pût s'éloigner, il vaudrait mieux descendre de cheval.

Le cheval « *inquiet* » est sujet à de fréquents écarts. Nous appelons cheval inquiet celui qui voit quelque chose que nous ne voyons pas, ou qui entend un son que nous n'entendons pas. Il se remarque facilement à son attitude ; il tournera la tête à droite et à gauche, ses oreilles se dresseront comme s'il lui parvenait un bruit étranger. Le cavalier doit alors, sans perdre de temps, porter son cheval en avant ; s'il est au pas, le mettre au trot ; s'il est au trot, le mettre au galop ; il faut avant tout ne pas le laisser réfléchir, car il s'arrêterait bientôt, ferait soit un tête-àqueue, un écart, ou une cabrade et compromettrait ainsi la sécurité du cavalier.

DU MORS AUX DENTS

L'expression de « *cheval qui prend le mors aux dents* » n'est pas juste.

Le cheval ne prend jamais le mors aux dents ; ce n'est que par suite de l'élévation de sa tête et des effets de mains intempestifs du cavalier que le mors vient de lui-même s'appuyer sur les molaires.

Si l'on se trouvait surpris dans les conditions que nous venons d'indiquer, il faudrait bien se garder de tirer sur les rênes, car alors on ferait remonter le mors davantage.

Sitôt que le cavalier s'apercevra que la tête est en position horizontale, il devra avancer légèrement les poignets ; ce mouvement a pour but de faire redescendre le mors ; puis baisser les poignets et, ayant tiré les rênes légèrement à lui, rendre et reprendre avec des effets progressifs, jusqu'à ce qu'il ait arrêté son cheval.

Si besoin était d'arrêter le cheval immédiatement on pourrait faire un effet de mains énergique ; mais pour cela il faudrait que la tête fut placée en ligne perpendiculaire au sol, sans quoi, ce serait peine inutile.

CHAPITRE IX

CHAPITRE IX

DE LA MARTINGALE

N croit généralement que la martingale est employée pour le cheval qui se cabre. C'est une erreur.
Le vrai but de la martingale est de fixer l'encolure lorsque le cheval encense ou bat à la main, ou de venir en aide lorsque l'encolure est raide ou trop longue et résiste à la main du cavalier; elle est aussi utile pour l'assouplissement du cheval, pour régulariser son allure du trot de course, pour aider à fixer le point d'appui de manière à ce qu'il y ait chez lui moins de surprise dans le cas où

le cavalier ferait des erreurs de mains qui pourraient compromettre la régularité du trot; cette régularité en étant la première qualité.

Il y a enfin certains chevaux dont on ne saurait régulariser le trot sans le secours de la martingale.

DE LA GOURMETTE

La gourmette est une chaîne qui passe sous le menton du cheval et se rattache au mors par deux crochets.

C'est par l'intermédiaire de la gourmette que le mors est un levier.

Le cavalier, pour pouvoir régler son levier, doit veiller à ce que cette gourmette ne soit pas trop serrée.

Il faut qu'il y ait toujours au moins deux doigts entre la ganache et la gourmette qui doit toujours être sur son plat.

DE LA CRAVACHE

La cravache est le véritable instrument de châtiment.

Quand on l'emploie dans ce but, il faut toujours s'en servir énergiquement et au moment même de la désobéissance, avec la précaution toutefois d'être bien maître de l'encolure.

Pendant la correction il est inutile de donner une direction au cheval ; après, il faut lui faire reprendre la direction qu'il refusait de suivre, ou le mettre en demeure de faire un mouvement qu'il ne voulait pas exécuter.

Pour corriger un cheval on peut le frapper avec la cravache indistinctement sur l'épaule droite ou sur l'épaule gauche, en arrière de la botte à droite ou à gauche ; il faut seulement avoir le soin de placer les rênes dans une seule main.

L'effet constant de la cravache employée convenablement est de déterminer le cheval à passer partout, même le cheval qui se révolte au fer et se déséquilibre.

Quand on se sert de la cravache, il faut toujours avoir les poignets justes et la direction du doigter facile ; le coup de cravache donné, il faut bien se garder des à-coups sur la bouche du cheval. Quand le poids a été déplacé, il faut que les poignets sachent modérer les ébats du cheval de façon à protéger l'assiette du cavalier et à indiquer la direction.

On se sert souvent de la cravache comme aide, lorsque les jambes du cavalier ne sont pas encore assez puissantes pour déterminer le cheval en avant. Un attouchement léger de la cravache sur l'une ou l'autre épaule développe le mouvement de la jambe correspondante. La cravache, appliquée comme aide en arrière de la botte, reporte l'arrière-main sur l'avant-main, et détermine le cheval à prendre un point d'appui sur les poignets du cavalier.

Il faut éviter, quand on se sert de la cravache comme aide, de frapper la croupe, ce qui amènerait la ruade.

Les dames font un grand usage de la cravache comme aide ; pour elles la cravache remplace la jambe droite et empêche le cheval de se traverser.

Pas plus que de l'éperon, il ne faut pas abuser de la cravache ; on s'en sert beaucoup dans le dressage ; plus tard, lorsque le cheval est bien mis, on le monte avec un simple stick.

Nous engageons les cavaliers qui montent des chevaux qu'ils ne connaissent pas à se munir d'une bonne cravache ; car, en cas de révolte de la part du cheval, *avec la cravache on passe partout.*

DE L'ÉPERON

L'éperon est une aide au moyen de laquelle le cavalier demande et obtient un déplacement de poids qu'il utilise suivant le besoin.

Jamais nous n'employons l'éperon comme châtiment ; nous réservons ce rôle à la cravache.

Pour faire usage de l'éperon, il faut que le cheval y ait été préalablement dressé et qu'il l'accepte facilement, sans quoi il s'appuie sur le fer et tous les efforts du cavalier sont annulés.

Aux premières applications de l'éperon, le cheval s'appuie sur lui ou rue à la botte ; aussi est-il nécessaire d'accompagner la pression du fer d'un vigoureux coup de cravache en arrière de la botte pour le porter en avant. Malheur au cavalier qui laisserait prendre à son cheval la mauvaise habitude de reculer sur le fer.

Après une ou deux attaques simultanées de fer et de cravache, on rapprochera le fer seul et le cavalier sentira le cheval se soulever sous lui ; c'est alors qu'il devra agir avec modération et laisser de côté la cravache, car la sensibilité a parlé chez le cheval.

C'est alors au tact du cavalier de savoir tirer

parti de son cheval ; si, à mesure que son cheval lui fait des concessions, il abuse de ses aides, il le rendra rétif, rueur ou désobéissant ; s'il sait profiter de cette puissance nouvelle que lui donne le fer, il rendra son cheval docile, agréable d'allure et franc devant lui.

Le cheval demande à être dressé au fer dans un endroit restreint. Il faut toujours faire précéder la pression du fer de la pression de la jambe ; si le cheval ne répond pas assez vite, alors, attaque de fer (coup de lancette) accompagnée d'un très vigoureux coup de cravache derrière la botte. Si le cavalier n'a pas la solidité nécessaire pour donner un coup de cravache comme il doit l'être, il ne dressera certainement pas son cheval au fer.

Beaucoup de personnes croient que, lorsque le cheval secoue la tête ou fouette l'air de sa queue à l'attaque du fer, il est dressé. C'est, en général, le fait du cheval de peu d'action, toujours sur la défensive ; quoique assez obéissant en apparence, il est plutôt prêt à refuser ; il ne faut pas faire de fond sur ce cheval.

L'éperon est une aide admirable quand le cheval y est dressé et que le cavalier sait en faire un juste emploi.

Avec lui le cavalier répartit le poids de son cheval avec promptitude ; il est instantanément en correspondance avec lui ; il lui transmet sa volonté avec une telle puissance que le cheval ne peut refuser.

Aussi ne faut-il pas abuser de cette aide. Beaucoup de cavaliers, pour se faire valoir ou pour faire ressortir les allures naturelles de leur cheval, le piquent à tout instant de l'éperon. Nous ne saurions trop réagir contre cette pratique funeste, cause de beaucoup d'accidents.

De même nous engageons les cavaliers à ne pas commencer trop tôt à chausser des éperons ; ils ne devraient pas en mettre avant de pouvoir faire la leçon complète de manège sans étriers et à toutes les allures. On évite ainsi les attaques involontaires d'éperons qui déséquilibrent le cheval, l'effrayent et amènent des défenses qui entraînent la chute du cavalier.

Nous avons dit que l'éperon n'agissait pas comme châtiment, qu'il agissait exclusivement comme aide. Nous ne croyons pas que ce soit la douleur provoquée par son contact qui fasse obéir le cheval; nous croyons que l'éperon agit par un déplacement de poids que le cavalier doit savoir utiliser.

L'effet produit par l'éperon sur le cheval n'est qu'un « *chatouillement* » qui le force à se ramasser sur lui-même, annulant tout autre effort que le cheval serait tenté de faire, et l'empêchant, par là même, de prendre un point d'appui quelconque qui lui permette de se livrer à des défenses.

Par suite de l'application du fer il se produit une légèreté égale de l'avant et de l'arrière-main dans les différentes allures, légèreté qui vient en aide à la main qui déplace le gouvernail. L'éperon bien employé rend le cheval plus fier, le grandit par une meilleure distribution de son poids, le rend harmonieux et gracieux et souvent à une rosse il donne l'apparence d'un bon cheval.

Les personnes qui, à un moment donné, sont appelées à demander au cheval tout leur poids, ont surtout besoin d'avoir un animal bien dressé à l'éperon. Ainsi l'officier de cavalerie qui doit passer partout; le jockey qui, à un moment donné, a besoin de toute la rapidité de son cheval, et qui, au moyen de l'éperon obtient ce que le cheval ne pourrait donner seul; de même l'écuyer qui présente en public un cheval de haute école; ou bien encore les cavaliers qui font dans le manège le travail de haute école.

Quant à vous, cavaliers, qui vous servez du cheval pour la promenade et pour votre agrément « *soyez sobres de l'éperon, n'en portez que si vous avez une assiette très solide. N'oubliez pas que, si avec la cravache on passe partout, avec l'éperon on peut rester en route.* »

Un cavalier qui ne sait pas se servir du fer immobilise son cheval, l'accule ou le fait ruer ou reculer; un cavalier habile et énergique le déplace, le soulève, le porte en un instant d'un point à un autre et le force à aller de l'avant sans qu'il puisse se dérober.

Voilà pourquoi un cavalier qui n'est pas sûr de lui ne doit pas chausser d'éperons et doit se contenter de la cravache.

En effet la cravache provoque beaucoup moins de désordres en arrière de la main ; plus ou moins bien appliquée, elle détermine toujours le cheval en avant.

CHAPITRE X

CHAPITRE X

AVANT DE MONTER A CHEVAL, INSPECTER LES OBJETS DE HARNACHEMENT

Dans l'intérêt de sa sécurité, le cavalier, avant de monter à cheval, doit toujours jeter un regard attentif et rapide sur les objets de harnachement.

Son regard se portera d'abord vers la tête du cheval pour se rendre compte si la bride est bien ajustée ; la sous-gorge ne doit jamais être serrée pour le service de la selle ; le mors doit se trouver un peu plus élevé que le milieu de la bouche du cheval, et le filet plus haut que le mors.

La gourmette doit être accrochée, bien sur son plat, entre le mors et le filet; on doit pouvoir passer trois doigts à plat entre elle et le menton du cheval, ce qui permet au mors de faire légèrement bascule.

Si l'on a affaire à un cheval ayant une encolure raide, et disposé à prendre sur la main du cavalier un trop grand point d'appui, on devra mettre le mors un peu plus bas, mais en évitant qu'il ne touche les coins.

Si, au contraire, on a affaire à un cheval léger, on mettra le mors plus haut, et on tiendra la gourmette très lâche. Ni le mors, ni le filet ne devront toucher les commissures dont ils seront éloignés, le mors de quatre centimètres, le filet de deux centimètres.

Après l'examen de la bride, celui de la selle, l'attention du cavalier se portera de suite vers le pommeau. Quand le cheval est bien sellé, le pommeau ne doit pas porter sur le garrot, on doit toujours facilement passer les doigts entre eux.

Dans le cas où l'on a une longue route à

parcourir, il est prudent de protéger le garrot du cheval avec une petite couverture pliée en quatre. Pour que cette couverture soit bien appliquée, il faut également qu'elle laisse passer les doigts entre elle et le garrot, il faut qu'elle se moule sur la partie concave du pommeau, ce que l'on obtient en la soulevant avant de sangler. Sans ces précautions, elle ferait pression sur le garrot et l'échaufferait au lieu de le protéger. Cette couverture n'a pas besoin d'être grande, mais il lui faut de l'épaisseur, et, en la coupant pour cet usage, on peut la placer de façon à ce qu'elle ne soit pas vue.

Le cavalier examinera ensuite si le cheval est bien sanglé, ni trop, ni trop peu ; le jeune cheval sera modérément sanglé pour le départ. Il verra ensuite dans quel état sont les contre-sanglons, et les étrivières qui devront être à leur point avant de monter à cheval.

Si, par hasard, on était obligé de mettre une croupière, comme cela se fait dans l'armée, on veillerait bien à ce que le culeron qui passe sous la queue du cheval ne soit pas trop tendu. Sans cette précaution, il blesserait l'animal qui finirait par ruer, ou se défendre énergiquement.

Quand le cavalier sera à cheval et que le poids de son corps reposera bien sur la selle, il portera la main droite derrière lui pour s'assurer si le troussequin ne porte pas sur le dos du cheval. Pour qu'une selle soit bonne, et qu'elle protège le cheval et le cavalier, il faut qu'elle soit bien excavée à sa partie supérieure ; la selle plate porte toujours en arrière du troussequin.

Si le cavalier est lourd, il doit apporter la plus grande attention à ces détails, car les blessures du garrot ou du troussequin sont toujours longues à guérir.

Il faut que la selle soit toujours un peu en arrière du garrot pour ne pas gêner les épaules du cheval.

Si le cavalier monte avec une martingale, il ne faut pas qu'elle soit trop tendue pour commencer ; elle doit être placée en dessous des rênes du mors.

On ne doit tendre la martingale que quand on connaît son cheval; il n'y a guère que le trotteur qui exige la martingale tendue ; si, au contraire, on ne s'en sert que pour fixer la tête du cheval, il faut la tenir un peu lâche.

Quelque longs que puissent paraître les conseils que nous venons de donner, nous y attachons la plus haute importance. Nous engageons les cavaliers à ne jamais monter à cheval sans les mettre en pratique ; au bout de peu de temps l'inspection des objets du harnachement se fait très rapidement.

DE L'EMPLOI DE LA JAMBE DU CAVALIER

Nous avons vu dans l'article qui traite de la construction du cheval que, suivant les besoins, le cavalier devait appuyer ses jambes à la première, à la seconde ou à la troisième division.

C'est avec le mollet ou gras de jambe que doivent s'opérer ces différentes pressions. La force à employer varie suivant la sensibilité du cheval. En aucun cas, le cavalier ne doit se servir de ses mollets comme soutien pour se tenir à cheval.

Pour appliquer la jambe à l'une ou l'autre division, il faut sortir la pointe du pied en dehors, descendre le talon et rapprocher le mollet.

Il est essentiel que le talon soit descendu de manière à ce que, s'il était armé du fer, il ne touchât pas le cheval à l'insu du cavalier.

DE L'ASSOUPLISSEMENT DU CAVALIER

Quand on commence à monter à cheval, surtout à un certain âge, il est nécessaire d'assouplir le cavalier pour combattre sa raideur, ses contractions musculaires involontaires, et l'asseoir sur son cheval.

Ce résultat sera obtenu assez facilement en une trentaine de leçons, pendant lesquelles, par des exercices gradués, on assouplira tous les muscles du corps.

Le cavalier marchant au pas, on lui fera faire d'abord des *flexions de reins*. Ce travail consiste à se coucher sur le dos du cheval de manière à ce que la tête touche la croupe, puis à se relever immédiatement sans le secours des rênes, et autant que possible, sans que les genoux quittent le bourrelet de la selle.

Puis des *élévations et descentes des bras*, d'un côté d'abord, puis de l'autre ; *des moulinets*, travail qui consiste en des mouvements de rotation des bras autour de l'épaule comme axe, d'avant en arrière et d'arrière en avant.

Puis des *flexions de jambes*. Ces mouvements consistent à fléchir alternativement la jambe droite et la jambe gauche, sans que les genoux quittent le bourrelet de la selle. Dans ces flexions, la jambe se porte en avant et en arrière le plus haut possible, en évitant de toucher le corps du cheval. Il faut veiller, dans ces flexions de jambes, à ce que le reste du corps n'y participe pas ; elles doivent être indépendantes, faites sans raideur, la pointe du pied aussi en dedans que possible, la cuisse bien sur son plat.

Flexion et extension du cou-de-pied. — (*Tous ces exercices seront faits sans étriers et sans tenir les rênes.*) Ce dernier travail consiste, la pointe du pied tournée aussi en dedans que possible, à l'élever et à l'abaisser successivement.

Rotation de la tête autour des épaules. —Excellent exercice qui consiste à rendre les mouvements de la tête du cavalier indépendants des mouvements des autres parties du corps. Ainsi, pour regarder à droite, le cavalier tournera la tête à droite, jusqu'à ce qu'il voie la croupe de son cheval et, pendant ce mouvement de rotation de la tête, l'épaule droite se portera légèrement en avant, en sorte que le cavalier ait l'air de regarder par-dessus son épaule ; pour tourner la tête à gauche, le cavalier portera la tête de ce côté en avançant légèrement l'épaule gauche ; dans ces mouvements les genoux doivent garder leur fixité.

Nous ne mentionnons là que les principaux exercices d'assouplissement ; et, par expérience, nous affirmons aux personnes qui voudront bien s'y soumettre, qu'elles en retireront un résultat vraiment surprenant.

IMPORTANCE DU COUP D'ŒIL CHEZ LE CAVALIER

Il est de la plus haute importance pour l'homme à cheval que son regard soit toujours en éveil ; le travail constant des yeux joue un grand rôle pour la solidité de son assiette et partant pour sa propre sécurité.

Le cavalier doit toujours regarder droit devant lui, être constamment au guet des obstacles imprévus qui peuvent surgir, et les voir avant son cheval.

S'il doit raccourcir ses rênes ou reprendre une rêne qui lui a échappé, il devra le faire sans détourner ses yeux de la route.

C'est par l'attention de son regard que le cavalier sera à même de diriger son cheval dans les descentes, dans les terrains gras, ravinés, pierreux, accidentés ; c'est ce même regard qui lui dictera les effets de jambes ou de mains qui viendront avec précision au secours de son cheval.

Le coup d'œil sera prompt pour voir tout ce qui se passe et pour permettre au cavalier d'être prêt à réprimer un écart, ou une opposition provoqués par un obstacle imprévu.

OBSERVATION IMPORTANTE POUR LE CAVALIER

Dans l'intérêt de sa sécurité personnelle, le cavalier doit constamment surveiller les principaux déplacements de la tête et de l'encolure. C'est dans la direction bien comprise de ces parties que réside le secret de l'assiette du cavalier.

La tête (levier) et l'encolure (gouvernail), doivent toujours se trouver bien droites devant le cavalier ; il obtient cette rectitude par la grande justesse de ses poignets, et le maintien de la tête du cheval à une certaine hauteur ; dans une défense, quelle qu'elle soit, il ne se laissera pas surprendre par le déplacement de l'encolure à droite ou à gauche, ou de haut en bas.

Le doigter du cavalier joue un grand rôle dans son assiette ; il ne monte vraiment à cheval que quand il possède une bonne main qui ne soit plus inquiète.

CONSEILS AUX CAVALIERS POUR LEURS PREMIÈRES SORTIES

C'est à l'occasion des premières sorties que les jeunes cavaliers doivent se rappeler les conseils de prudence qu'on leur a donnés au manège.

N'allez jamais au trot sur le pavé, ou sur les endroits cailloutés.

Sur les voies publiques, dans les encombrements de voitures, foules, etc., tenez toujours vos rênes des deux mains. Ayez toujours l'œil au guet, et tâchez d'apercevoir avant votre cheval les objets qui pourraient l'effrayer.

Si votre cheval manifeste de l'inquiétude, activez sa marche, tenez-vous prêt à parer à un écart, à un tête à queue, etc.

Dans les tournants, tenez bien votre rêne d'opposition ; c'est encore elle qui vous servira lorsque vous voudrez devancer une voiture.

Voyez bien le chemin que vous parcourez, et soyez prêts à modifier l'allure suivant le besoin.

Si le terrain est raviné, tenez votre cheval sur la main avec les jambes près ; de même, si vous descendez une côte.

Si vous croisez des cavaliers, passez assez loin d'eux pour éviter les coups de pied ; en les croisant prenez un allure modérée.

Quand vous abordez un autre cavalier approchez-vous-en de manière à ce que les têtes des chevaux soient à la même hauteur.

Lorsque vous cheminez à deux ou plusieurs cavaliers, restez toujours au niveau du cheval qui va le moins vite, ou du cavalier qui est le moins expérimenté.

Gardez-vous bien d'outrer la vitesse de votre cheval.

N'abandonnez jamais un cavalier qui ne pourrait vous suivre, soit parce qu'il n'a pas un cheval de même allure, soit parce qu'il n'est pas aussi bon cavalier que vous ; son cheval restant en arrière finirait par s'impatienter et prendre le galop ; si le cavalier veut le retenir et qu'il ait trop de main, il est bientôt désarçonné.

Évitez de prendre le galop si vous êtes en compagnie de personnes âgées qui peuvent ne pas aimer cette allure.

Le meilleur principe de sécurité est de rester toujours ensemble et de s'attendre mutuellement, à moins toutefois que l'on ne soit bien sûrs les uns des autres.

Toutes les fois que vous avez à déplacer votre cheval sur un mauvais terrain, que ce soit avec beaucoup de précautions et sans mouvements brusques.

Le cavalier qui accompagne une dame à la promenade se tiendra toujours à son côté droit.

Tous ces conseils sont indispensables pour les cavaliers qui s'aventurent pour les premières fois au dehors. Qu'ils prennent l'habitude de les mettre en pratique de bonne heure; cela leur semblera peu récréatif pendant quelque temps d'être toujours au guet, de craindre ceci et cela, je l'avoue. Mais après un certain nombre de sorties, tous ces conseils dictés par la prudence leur sembleront tellement naturels et faciles à mettre en pratique qu'ils s'y conformeront sans s'en douter, et comme d'instinct.

DE LA MANIÈRE DE RENDRE LE CHEVAL SAGE AU MONTOIR

Quelques personnes m'ayant demandé la manière de rendre un cheval sage au montoir, je me suis décidé à en dire quelques mots dans cet ouvrage où je m'occupe le moins possible du dressage du cheval.

Le moyen est très simple, mais il faut être à deux pour l'employer.

Vous vous munissez d'avoine ou de carottes que vous mettez dans votre poche; puis tenant le cheval par le *filet* vous le placez le long d'un mur.

Vous faites approcher la personne qui vous aide le plus près possible de l'épaule gauche du cheval que vous lui faites caresser. Vous lui faites ensuite toucher l'étrier, et soulever de haut en bas de manière à faire claquer légèrement l'étrivière sur la selle; vous donnez un peu d'avoine, puis vous recommencez. Vous faites ensuite mettre le pied à l'étrier, puis enfourcher; sitôt la personne à cheval, vous redonnez de l'avoine à votre cheval et vous lui parlez, vous recommencez ensuite. Il faut être très patient et ne jamais frapper le cheval pendant cette leçon, qui, pour être fructueuse sera répétée deux ou trois fois par jour, chaque séance durant dix minutes.

CHAPITRE XI

CHAPITRE XI

DES PRINCIPAUX AIRS DE MANÈGE

AVANT d'entreprendre l'étude des principaux airs de manège, nous allons exposer quelques conseils pratiques pour permettre aux commençants d'en tirer de suite tout le fruit possible.

MAIN DROITE ET MAIN GAUCHE

Lorsque, dans un manège le cavalier chemine en longeant exactement les murs, il suit « *la piste* ».

Lorsque, dans ce parcours, il a le mur à sa

gauche et l'intérieur du manège à sa droite, on dit qu'il marche « *à main droite* »; lorsqu'il a le mur à sa droite et l'intérieur du manège à sa gauche, il marche « *à main gauche* ».

On remplace quelquefois l'expression de main droite et main gauche par celle de jambe droite et jambe gauche, en faisant allusion à la jambe du cheval qui se trouve en dedans du manège.

Ainsi on dit également : *Travailler à main droite* ou *travailler sur jambe droite*. Il est d'habitude au manège, quand on fait faire un travail à main droite, de faire faire de suite le même travail à main gauche.

TENSION DES RÊNES

Quand, dans nos commandements, nous disons : « *Tension de rêne droite* ou *tension de rêne gauche* », cela veut dire d'amener doucement la rêne vers soi, sans à-coups, pour indiquer au cheval la nouvelle direction qu'on va lui donner; il faut éviter de tirer brusquement comme font certains novices qui se pendent littéralement après leurs rênes.

OPPOSITION DE RÊNES

Ici, je voudrais faire comprendre aux élèves toute l'importance de « *l'opposition de rênes* ».

Quand on vous dit pour aller à droite : *Tension de rêne droite*, vous comprenez, sans autre explication, que le cheval va tourner à droite. Oui, le cheval va tourner à droite en raison du déplacement de poids provoqué par votre tension de rênes; il va même y tourner trop vite à droite, voilà pourquoi au moment où vous recevez le commandement de « *tension de rêne droite* », on ajoute immédiatement « *opposition de rêne gauche* ». C'est-à-dire, opposez-vous à ce que ce déplacement ne s'opère trop vite, et pour cela *maintenez tendue votre rêne gauche*. Si vous saisissez bien ce mouvement de la rêne d'opposition, vous assurerez votre assiette et vous serez toujours et, pour ainsi dire d'instinct, en garde contre les fautes ou les surprises de votre cheval.

JAMBE PREMIÈRE, SECONDE OU TROISIÈME DIVISION

Il faut d'abord se reporter au chapitre de la *construction du cheval* où nous avons expliqué ce que nous entendions par *division*.

Lorsque, dans nos leçons, nous vous disons : *jambes deuxième division ;* cela signifie que le cavalier fera une flexion de jambes légère jusque environ quatre pouces en arrière des sangles et qu'alors il fera sentir au cheval, à ce niveau, la pression de ses jambes avec plus ou moins de force, suivant la sensibilité du cheval. Il en sera de même pour les jambes *à la première* et *à la seconde division*.

Dans ce travail des jambes, qui est des plus importants, il faut veiller à ce que les genoux restent adhérents à la selle. Mais ce qu'il faut surtout, c'est le faire quand il est ordonné, autrement si vous ne faites que l'indication de rênes, en oubliant les jambes, votre cheval s'arrête et il a bien raison.

TENUE DES RÊNES ET DE LA CRAVACHE

Dans les premières leçons, nous avons l'habitude de ne faire tenir à l'élève que les rênes de filet ; on fait un nœud aux rênes de bride.

Quand l'élève est familiarisé avec la tenue des rênes de filet, nous lui faisons tenir les quatre rênes à l'anglaise et des deux mains.

Pour la cravache il y a deux positions. La *première position* consiste à la tenir la pointe en l'air dans la direction de l'œil gauche; la *deuxième position* consiste à la tenir la pointe en bas dans la direction de la jambe droite.

Lorsque l'on marche à main gauche dans le manège la cravache doit être tenue dans la *première position* ; elle doit être tenue dans la *deuxième position* lorsque l'on marche à main droite.

Toutes les fois que l'on commandera à l'élève de faire usage de la cravache, il devra d'abord passer ses rênes dans une seule main.

Nous pouvons maintenant aborder l'étude des principaux airs de manège. Nous décrirons successivement : *le changement de main, le doublé, la volte, le demi-tour, le travail sur les hanches, le pivot sur l'avant-main, le pivot sur l'arrière-main, le reculer.*

DU CHANGEMENT DE MAIN

Le changement de main est un air de manège qui consiste, marchant à main droite, je suppose, à traverser le manège suivant sa diagonale, suivant sa largeur ou suivant sa longueur, pour, arrivé à la piste opposée, se placer à main gauche en conservant la direction suivant laquelle on marchait.

Il y a donc le changement de main diagonal, le changement de main dans la longueur, et le changement de main direct ou dans la largeur du manège.

Nous disons une fois pour toutes que dans la description de tous les airs de manège nous considérerons le cavalier comme marchant à main droite.

Pour exécuter ce mouvement, il faut, au commandement, faire un déplacement sur la droite par « *tension de rêne droite, opposition de rêne gauche, jambe gauche deuxième division* ». Quand le cheval est dans la ligne droite, tenir les rênes bien égales et les jambes également près du corps du cheval ; arrivé à soixante-dix centimètres environ du mur opposé, faire un déplacement sur la gauche par « *tension de rêne gauche, opposition de rêne droite, jambe droite deuxième division* ». C'est alors qu'intervient une troisième indication qui a pour but de placer le cheval bien droit sur la piste et de ranger ses hanches, indication qui s'obtient par « *tension de rêne droite, légère opposition de rêne gauche,* pour maintenir la tête du cheval bien droite, et *jambe gauche troisième division*, pour ranger la croupe ».

Tous les airs de manège dont nous nous occupons s'exécutent aux deux mains et à toutes les allures.

DU DOUBLÉ

Le doublé consiste à traverser le manège dans sa longueur ou dans sa largeur, en se trouvant toujours à la même main, mais en prenant sur l'autre piste une direction opposée à celle que l'on avait au départ.

Au commandement de « *doublez* », il y a un premier déplacement sur la droite par « *tension de rêne droite, opposition de rêne gauche, jambe gauche deuxième division* » ; puis marche en ligne droite, comme pour le changement de main ; arrivé à soixante-dix centimètres du mur opposé, deuxième déplacement sur la droite par « *tension de rêne droite, opposition de rêne gauche, jambe gauche deuxième division* » ; enfin, pour maintenir le cheval droit sur la piste et ranger les hanches « *tension de rêne gauche, légère opposition de rêne droite et jambe droite troisième division* ».

DE LA VOLTE

La volte est un mouvement qui consiste à faire parcourir au cheval un arc de cercle dont la piste est la corde.

Plus que tout autre mouvement la volte exige une attention particulière du cavalier, par suite de l'obligation dans laquelle il se trouve de tracer d'abord du regard le chemin qu'il veut parcourir et d'y diriger ensuite son cheval.

Cet air de manège est très utile au cavalier pour lui faire acquérir de la précision à déplacer son cheval ; il lui apprend à se servir de ses jambes d'une façon correcte, avec entente des effets de mains ; il lui donne un coup d'œil rapide, une grande agilité de doigter et une grande promptitude de jambes.

Pour exécuter une volte il faut quitter la piste par « *tension de rêne droite, opposition de rêne gauche, jambe gauche deuxième division* » et marcher ainsi quatre pas environ dans la largeur du manège; puis, par les mêmes indications, opérer un second déplacement sur la droite et faire huit pas dans la longueur du manège; enfin, toujours par les mêmes indications, un troisième déplacement sur la droite pour regagner la piste à la même main, et dans la direction primitive. Arrivé à la piste, redresser les hanches comme plus haut.

Dans cette figure, les effets de mains et de jambes doivent être persistants et très accentués pour entretenir l'allure du cheval.

DU DEMI-TOUR

Le demi-tour est un mouvement beaucoup plus restreint qui consiste à faire quitter la piste au cheval par un arc de cercle et à la lui faire reprendre immédiatement pour repasser par le chemin déjà parcouru, le cavalier ayant changé de main.

Ce mouvement exige une grande précision

dans l'accord des aides et une certaine énergie dans leur emploi pour que le cheval garde la même allure. Pour bien exécuter le demi-tour, il importe que le cheval soit rassemblé.

C'est une grande difficulté pour les commençants d'exécuter un demi-tour à une allure régulière, parce que généralement ils ont trop de main et pas assez de jambe.

Pour faire le demi-tour à droite, « *tension de rêne droite, opposition de rêne gauche, jambe gauche première division* » pour soutenir l'avant-main dans son déplacement ; puis arrivé sur la piste, « *jambe gauche troisième division* » pour ranger les hanches.

DU TRAVAIL SUR LES HANCHES

Le travail sur les hanches s'appelle aussi « *traversé* », ou « *mouvement sur deux pistes* », ou « *appuyer sur les hanches tête au mur* ou « *croupe au mur* ». Ce travail se fait directement dans la largeur, ou dans la longueur du manège, ou suivant la diagonale.

Le cheval est toujours dirigé obliquement de tête à croupe. On engage l'avant-main d'abord, puis on fait suivre les hanches. Dans ce travail, les jambes du cheval se croisent. Pour appuyer à droite ce sont les jambes gauches qui passent devant les jambes droites ; pour appuyer à gauche, ce sont les jambes droites qui passent devant les jambes gauches.

On exécute ce travail de la manière suivante. Pour appuyer à droite tête au mur, il faut placer le cheval obliquement par « *rêne droite, opposition de rêne gauche, jambe gauche deuxième division* ». Il faut, pour commencer ce mouvement, que l'effet de jambe prime l'effet de main. Vous maintenez votre tension de rêne droite suffisamment pour que le cheval regarde le chemin qu'il parcourt ; le regard du cavalier est également dirigé de ce côté, sa jambe gauche toujours placée à la deuxième division fait suivre la hanche. Si le cheval venait trop vite du côté où on cherche à l'appuyer, la jambe droite se fermerait légèrement en calculant son effort pour ne pas arrêter le cheval. Le plus souvent, il arrive, dans ce mouvement, que la jambe droite du cavalier est trop près du corps du cheval et nuit à la progression. Si, au contraire, le cheval tend à se redresser sur la piste, c'est qu'on ne maintient pas suffisamment l'opposition de la rêne gauche.

Il y a dans ce travail un grand tact entre les effets de mains et les effets de jambes qu'une certaine habitude vous apprend vite à acquérir.

Quand le mouvement est terminé, on redresse le cheval par jambe droite troisième division.

On voit que dans ce travail de « *tête au mur* » comme dans tous les traversés, le cheval suit deux pistes, l'une avec les jambes de devant, l'autre avec les jambes de derrière. Lorsque l'on fait le travail de « *tête au mur* » le cheval ne peut se porter en avant, arrêté qu'il est par le mur, aussi le cavalier n'a, dans ses effets de mains, qu'à s'occuper de l'inclinaison à donner à la tête; il n'en est pas de même dans le travail de « *croupe au mur* » comme nous allons le voir.

Nous n'insisterons pas sur le travail de « *croupe au mur* » qui s'appuie sur les mêmes principes que le précédent.

Nous ferons remarquer que c'est également un travail sur deux pistes; mais, comme dans ce cas, la position du cheval est inverse, il a l'intérieur du manège devant lui. Il y a donc là, pour le cavalier, une difficulté de plus qui consiste à s'opposer à la tendance du cheval à se porter en avant. Il faudra donc, tout en faisant les indications de rênes et de jambes que nous avons données pour « *tête au mur* » fixer les poignets pour empêcher le déplacement en avant. Il faudra également bien veiller à conserver l'obliquité nécessaire entre les épaules et l'arrière-main, de façon à ce que les jambes, en se croisant, ne se choquent pas l'une contre l'autre.

On fait, d'après les mêmes principes, des *traversés* dans la largeur du manège, dans sa longueur, et suivant sa ligne oblique ou diagonale. Rappelons que, dans tous ces traversés, *cheval et cavalier doivent regarder du côté vers lequel ils marchent ; que la direction du corps du cheval doit être oblique dans tout le trajet à parcourir* et *que l'allure du cheval doit rester la même pendant tout le travail.*

DU PIVOT SUR L'AVANT-MAIN

Le *pivot sur l'avant-main* consiste à faire décrire à l'arrière-main du cheval un arc de cercle autour de l'avant-main immobile et servant de pivot.

Ce mouvement est difficile à exécuter en raison de la précision nécessaire dans l'accord des aides.

Les mains du cavalier n'ont qu'à surveiller l'immobilité de l'avant-main du cheval qui ne doit faire un pas, ni en avant, ni en arrière, ni à droite ni à gauche. Il arrive souvent que cette immobilité impatiente le cheval et que la main du cavalier doit intervenir ; que ce soit toujours par des effets progressifs, sans brusquerie, ni colère.

La jambe du cavalier a presque tout le travail, puisque c'est elle qui fait décrire à la croupe son arc de cercle. Le cheval est quelquefois long à répondre aux aides du cavalier.

Pour exécuter le *pivot de l'avant-main sur la gauche* il faut d'abord, par « *tension légère de rêne gauche et opposition proportionnée de rêne droite* » soutenir la tête à gauche (*flexion gauche*) sans, pour cela, déplacer le poids de l'avant-main. Malgré cette flexion, l'avant-main ne doit pas se déplacer, les jambes antérieures ne doivent pas quitter le sol, il n'y a que l'extrémité des naseaux du cheval qui se soit légèrement inclinée à gauche sans que, pour cela, l'équilibre du cheval soit dérangé.

Cette position de la tête et l'immobilité étant obtenues, il faut rapprocher *la jambe droite à la troisième division* par un effet très lent, de manière à ne pas surprendre le cheval, ce qui le déplacerait inévitablement.

La jambe restera fixée à la *troisième division* jusqu'à ce que le pivot soit complètement terminé; la demande de jambe, pour déterminer l'arrière-main sur son arc de cercle, s'exécute par de petites vibrations réitérées jusqu'à ce que le cheval cède.

Dans ce mouvement, puisque nous avons fait un pivot sur la gauche, nous étions *à main gauche;* le pivot terminé, nous sommes *à main droite;* nous avons donc fait *un changement de main*.

Principes inverses pour le pivot sur la droite, *flexion droite, jambe gauche*.

Le pivot est un travail excellent pour bien apprendre au cavalier l'emploi de ses jambes à la troisième division, et pour le mettre à même de déplacer l'arrière-main indépendamment de l'avant-main.

Et cela a une très grande utilité pratique. Vous êtes au dehors, je suppose, à une allure un peu vive, et vous êtes surpris par un obstacle imprévu ; il faut vous arrêter et revenir sur vos pas. Si, dans ces conditions de rapidité d'allure, vous faites un demi-tour, vous risquez fort de jeter votre cheval à terre ; si vous faites un pivot, vous équilibrez votre cheval, et vous vous tirez d'embarras.

DU PIVOT SUR L'ARRIÈRE-MAIN

Dans le *pivot sur l'arrière-main*, c'est l'avant-main qui décrit un arc de cercle autour de l'arrière-main qui sert de pivot.

Dans ce mouvement, il faut porter tout le poids du cheval sur son arrière-main pour en faciliter l'immobilité.

Il n'y a pas lieu, dans cet exercice, de porter la tête du cheval plutôt à droite qu'à gauche ou réciproquement ; il faut la conserver bien droite devant soi et soulever, *par la flexion directe*, tout l'avant-main dont on reporte ainsi le poids sur l'arrière-main. En opérant cette flexion directe, éviter le reculer ou la cabrade chez les chevaux légers de l'avant-main.

Pour tous ces exercices de traversés et de pivots, nous exigeons dans nos cours la tenue des rênes à l'anglaise et des deux mains.

Tout étant ainsi préparé, l'exécution du pivot sur l'arrière-main devient chose facile.

Pour faire le pivot à gauche « *tension de rêne gauche, opposition de rêne droite et jambe droite première division* », bien près des sangles.

Il est bien entendu que la jambe gauche sera prête à modifier toute mauvaise direction que la croupe pourrait prendre.

DU RECULER

Le *reculer* n'est autre chose que la marche du pas en arrière.

C'est un déplacement réitéré du poids de l'avant-main sur l'arrière-main.

Ce mouvement nécessite un effet de mains et un effet de jambes.

Pour exécuter le *reculer*, le cavalier raccourcira ses rênes, fixera légèrement les mains et tirera modérément à lui, pendant que ses jambes se fermeront *à la seconde division*. Quand il aura obtenu quelques pas, il cessera toute demande, pour recommencer après, et ainsi de suite.

Le mouvement du reculer doit se faire sur une ligne bien droite ; ce que l'on obtient par une égale tension de rênes et une égale pression de jambes. Si la croupe dévie dans un sens ou dans l'autre, il faut de suite la redresser avec la jambe correspondante, sans à-coup.

Si on rencontre de l'opposition chez le cheval, il faudra la combattre en rendant et en reprenant son effet de mains, réglant la demande et les concessions sur le plus ou moins de résistance du cheval.

Il ne faut pas confondre « *acculer* » avec « *reculer* ».

Acculer, c'est porter tout le poids du cheval, par de violents efforts, sur l'arrière-main;

alors le cheval, pour se soulager, saute des deux jambes de derrière.

Reculer, c'est diriger son cheval en arrière par un effort régulier et constant ; par un flux et reflux du poids, d'avant en arrière et d'arrière en avant.

Tête busquée.

CHAPITRE XII

CHAPITRE XII

CAUSERIES ÉQUESTRES

Tout le monde peut monter à cheval, mais tout le monde n'est pas cavalier. Parmi les gens que vous rencontrez et qui se croient cavaliers, chacun a sa méthode. Celui-ci se dit très fort; celui-là n'est jamais tombé de cheval : que le cheval rue, qu'il se cabre, qu'il fasse des sauts de mouton, que lui importe! il brave tout cela, jamais cheval n'a pu le désarçonner. Il montera, si on l'écoute, tous les chevaux qu'on lui présentera : Je mets une bonne paire d'éperons, j'attaque mon cheval des deux, et voilà le secret.

Bavards et fanfarons sont ces gens qui n'attribuent la valeur du cavalier qu'à une lutte musculaire entre lui et le cheval.

Le bon cavalier est tout autre; il est modeste et prudent; hardi, quand l'occasion l'exige. Il faut voir ces gens dont je parlais tout à l'heure quand ils sont aux prises avec les difficultés du débourrage. Voici un fait :

Lorsque j'étais sous les ordres de M. le baron de Cugnac, directeur de l'école de dressage de Rochefort où je suis resté près de huit ans, nous vîmes se présenter un jour un cavalier qui postulait une place d'écuyer. A l'entendre, les difficultés de l'équitation n'étaient qu'un jeu pour lui ; toute sa vie il avait monté à cheval. « *Le cheval qui doit me désarçonner n'est pas encore né,* » nous disait-il avec une véritable conviction. Il fallait bien mettre ses talents à l'épreuve. Je fis amener dans le manège un de ces jeunes chevaux bondissant au sanglage et n'ayant pas encore de bouche, ce qui rend impossible le maintien de la tête. Nous commençons par l'aborder avec précaution et douceur, de manière à ne pas l'effrayer par la vue de la selle ; nous mettons une grande délicatesse à le sangler, de manière à ne point couper brusquement sa respiration qui cède petit à petit, grâce à la lenteur de nos mouvements. Notre homme, en nous voyant faire, commence à nous critiquer. *A quoi bon toutes ces précautions ? Vous avez donc peur ?* etc., etc. Je suis obligé de lui imposer le silence dont nous avons tant besoin pendant le dressage de nos poulains. Le cheval sellé, il veut le monter de suite, il a hâte de le mettre à la raison. Je lui fais observer que ce n'est pas ainsi qu'on doit procéder ; il faut d'abord détendre un peu le cheval à la longe ou au caveçon pendant quelques tours pour lui laisser le temps de s'habituer au sanglage ; puis, après la leçon du moutoir, le cavalier a beaucoup plus de chance pour pouvoir se maintenir en selle. *A quoi bon tout cela ?* reprend notre homme, *je vais le monter immédiatement ;* ce qu'il fit. Le cheval, surpris par ce poids imprévu, fit deux ou trois bonds et notre écuyer fit l'expérience que le cheval qui devait le désarçonner n'était pas loin. Il envoya rouler dans la sciure du manège cavalier d'un côté, chapeau de l'autre. Notre homme effaré courait partout croyant avoir le cheval à ses trousses ; il ramassa son chapeau, courut à la petite porte du manège et on ne le revit plus.

Vous rencontrerez beaucoup de ces cavaliers qui prétendent lutter avec un cheval force contre force. Je voudrais les voir aux prises avec un jeune cheval dont la bouche n'est pas encore faite, ou dont la bouche est égarée et qui supporte difficilement le contact des jambes. Les cavaliers dont je parle trouvent bons tous les moyens pour se tenir en selle. Pendant les défenses du cheval, ils s'accrochent aux rênes pour conserver leur équilibre ; ils se cramponnent aux flancs du cheval avec leurs mollets, et, comme le cheval n'accepte ni ces points d'appui sur la bouche, ni ces à-coups de jambes, tout leur talent équestre est vite évanoui et, dans ce moment, ils ne feraient pas fi de l'art de l'équitation.

Mais, me direz-vous, puisque ces cavaliers sont en grand nombre, il n'a pas dû leur manquer d'avoir affaire à des chevaux de ce genre. Certainement, mais ils ne s'en vantent pas, ils proclament le cheval rétif et ils s'empressent de s'en débarrasser en le vendant.

La valeur du cavalier ne consiste ni dans sa force musculaire, ni dans ses phrases plus ou moins ronflantes qui n'éblouissent que les ignorants.

Vous n'êtes pas maître d'un cheval aujourd'hui, ce n'est pas une raison pour le rejeter. Les chevaux qui offrent de l'énergie dans le dressage présentent de grandes ressources, ce sont souvent les meilleurs. Ils ont de grandes qualités qui exigent beaucoup de travail de la part de celui qui en entreprend le dressage. Si ces chevaux tombent sous la main d'un écuyer sage et patient qui sache en établir l'équilibre et le poids, ils deviennent rapidement doux et on est surpris des qualités de leurs actions, et de leur énergie. Avec quel plaisir on les monte ! comme ils sont liants dans la main et obéissants aux aides du cavalier ! avec quelle promptitude ils cherchent d'eux-mêmes à lui répondre en le devinant ! Le cavalier n'a pas encore fini de demander qu'ils ont déjà compris. Voyez avec quelle grâce ils s'élèvent du sol ; voyez cette harmonie dans leurs mouvements, cet air fier ; ils ont l'air heureux de porter leur cavalier.

Eh bien ! cette souplesse, cette énergie, cette grâce, vous ne les ferez ressortir chez le cheval que si vous savez l'équilibrer suivant sa construction. Ces chevaux-là, nous ne les confierons pas aux cavaliers dont nous parlions tout à l'heure, à ceux qui rapportent tout à la force musculaire.

Le cavalier doit s'entourer de toutes les précautions qui assurent sa sécurité. Car le plus grand nombre monte à cheval pour se distraire, pour raison de santé, ou par plaisir ; et néanmoins chacun désire arriver à une certaine force. C'est alors qu'on veut monter des chevaux qui aient un peu d'action, et, pour cela, la force et le courage ne leur manquent pas, voir même quelquefois la témérité. J'ai connu des cavaliers d'une bravoure à toute épreuve, que rien n'effrayait, montant à chaque instant des chevaux nouveaux, travaillant beaucoup, et cependant ne pas obtenir ce fini dont je veux parler.

Cela tenait à ce que ces cavaliers s'égaraient, soit par trop de souplesse dans l'encolure, soit parce qu'ils attaquaient le cheval trop tôt avant qu'il n'ait encore bien compris ce qu'on lui demandait. Ils avaient beau appliquer la méthode de Laguérinière, de Baucher ou du comte d'Aure, ils n'obtenaient aucun résultat. Pourquoi ? Parce qu'ils voulaient aller trop rapidement en besogne ; ils ne savaient pas s'arrêter à temps dans l'assouplissement du cheval.

Cette gymnastique que nous demandons au cheval, il ne faut en user que graduellement ; et, au fur et à mesure que le cheval cède en souplesse, il faut, au même instant, engager le poids sous lui. Mais, en général, on commet la faute suivante : On assouplit l'encolure et on garde le cheval en arrière de la main, c'est-à-dire qu'on le laisse reculer; après l'avoir bien travaillé, on croit avoir obtenu un résultat, il n'en est rien, le cheval ne veut plus se porter en avant. Je ne cesserai de le répéter, pour l'éducation du cheval comme pour celle du cavalier, la devise est « *sagesse* et *patience* ».

On le voit, cette étude est difficile, elle demande à être bien comprise. A mesure que l'on arrive à triompher de la raideur de l'encolure et de la mâchoire, il faut empêcher le cheval de reporter son poids sur l'arrière-main; sitôt qu'il a cédé, que les muscles du cou et de la mâchoire sont assouplis, il faut qu'aucun déplacement ne se produise sur l'arrière-main; pour cela il faut porter le cheval en avant. Il faut surtout que le cavalier ne l'attaque qu'à propos, et au moment même de la désobéissance.

Quelle que soit la méthode que vous appliquiez, elle sera bonne si vous avez le tact de la mettre en rapport avec la construction du cheval que vous travaillez ; vous obtiendrez la docilité, et vous n'aurez pas dans la suite de défenses à combattre.

Toutes les méthodes sont bonnes ; je n'en vois aucune à critiquer ; seulement il faut savoir les comprendre et les appliquer à propos.

Ce que j'ai à critiquer, ce sont les cavaliers qui les mettent en pratique ; ils sont généralement trop absolus, ils croient tout savoir, ils n'ont plus besoin de conseils. Ils ne cherchent pas s'ils ont bien compris, s'ils ont su pénétrer la pensée de l'auteur ; ils le croient et cela leur suffit. Ils appliquent à tort et à travers un peu de toutes les méthodes et pensent ainsi assurer le succès de leur travail.

La méthode est une chose générale qu'il faut savoir appliquer aux cas particuliers, suivant la construction du cheval. Faut-il prendre telle construction de cette façon ou de cette autre ? Dans chaque méthode il y a du bon et il y a du mauvais ; c'est au tact du cavalier à savoir choisir le bon et laisser le mauvais. La pierre de touche des difficultés à vaincre, c'est la construction du cheval. Autant de chevaux autant de cas particuliers.

Je vais plus loin. Je dis que même le cheval parfaitement établi demande un cavalier exercé ; car le cheval bien établi est généralement très leste dans ses actions, il se détache du sol avec facilité et promptitude, il faut donc au cavalier une assiette solide.

En équitation, comme dans toute science, il faut de la pratique et du savoir. C'est ainsi que le cavalier acquiert ce tact de la main indispensable pour communiquer sa volonté au cheval et saisir rapidement les résistances qu'il oppose. Alors, plus de crainte ; le cavalier est toujours prêt à réagir contre les moindres défenses ; rien ne lui échappe ; il saura toujours maintenir son cheval droit sous lui, la tête légèrement soutenue, les poignets bien placés exerçant sur les rênes une égale tension, les jambes fermes. Avec cela il triomphera des premières difficultés à vaincre dans le dressage des chevaux, la construction, l'équilibre et la ligne droite de tête à croupe.

Le secret de l'assiette du cavalier consiste dans cette *ligne droite de tête à croupe* qu'il obtient par son tact de main ; et aussi par cette précaution de maintenir la tête pour l'empêcher de vaciller et d'être déplacée de haut en bas. Par ce tact de main le cavalier est toujours sur ses gardes ; il est prévenu des écarts, des mouvements vifs du cheval. Souvent le cheval essaye d'échapper aux aides du cavalier ; mais, avec une main fine, il est immédiatement renfermé, non par cette force brutale qui ne fait qu'augmenter les défenses, mais par le tact de main qui remet l'ordre dans la construction du cheval et lui fait reprendre la ligne droite de tête à croupe.

Nous avons vu, au commencement de cette causerie, ce qu'était le fanfaron en équitation. Tout autre est le bon cavalier ; il parle moins et agit davantage ; il ne fait pas de *prouesses ;* il ne chausse point d'éperons pour agacer son cheval et se faire valoir devant les ignorants ;

il ne force pas les actions de son cheval, il le conserve *toujours frais sous lui*. Je connais beaucoup de ces cavaliers, et je les apprécie autant que personne. Je leur ai vu obtenir par un travail sage et patient des résultats surprenants et il m'est arrivé dans mon manège de les suivre avec le plus grand intérêt.

Le bon cavalier agit toujours avec prudence, ce qui lui donne une sécurité qui le met en dehors des accidents dans la mesure du possible, qu'il ait affaire à un cheval énergique ou à un cheval gai qui, par ses ébats, le tient toujours sur ses gardes. Si son cheval est resté plusieurs jours au repos, il sait prendre des précautions. Si le cheval est alors par trop gai, il le mettra immédiatement au trot, si le terrain le permet ; car, en marche, il fera moins de bonds que s'il est arrêté. Il n'aura pas ainsi à redouter la cabrade, défense toujours mauvaise ; car en portant le cheval en avant, on prévient *le temps d'arrêt* faute duquel il ne peut se cabrer.

OU IL EST QUESTION UN PEU DE HAUTE ÉCOLE ET UN PEU DE DRESSAGE

On a beaucoup critiqué le travail de haute école. Les uns le trouvent inutile; d'autres prétendent qu'il est cruel de martyriser ainsi le cheval, et, si quelques-uns l'approuvent, le plus grand nombre paraît disposé à le rejeter.

Pour nous le travail de haute école est *indispensable*, autant pour le cavalier que pour le cheval.

C'est par une étude attentive du travail de haute école que le cavalier arrive à posséder réellement son cheval.

Je sais que beaucoup de gens montent d'instinct, sans se douter de ce que c'est que posséder un cheval ; ils croient vraiment que le cheval de selle est fait pour porter l'homme, comme le cheval de trait pour traîner la voiture ; qu'il suffit d'enfourcher un cheval et de s'y tenir solidement pour être bon écuyer. Que ceux-là aillent visiter les école de dressage; qu'ils y passent quelques jours en y apportant toute leur attention; ils verront alors les difficultés à vaincre, le soin et la patience qu'il faut dépenser avant de livrer un cheval au commerce. Quand l'amateur voit un cheval, il est souvent déjà passé par les mains de plusieurs écuyers. Souvent il arrive que celui qui fait dresser un cheval perd courage parce qu'il ne donne pas assez de temps; quand enfin l'animal est devenu sage, il a eu trois ou quatre maîtres et le dernier bénéficie de l'instruction commencée par les autres.

Le point difficile, dans le dressage d'un cheval, c'est de pouvoir l'amener à être monté par tous les cavaliers quelle que soit leur main.

J'ai vu souvent réussir mon dressage sur des chevaux dont les propriétaires ne pouvaient venir à bout, en remarquant la façon de monter du cavalier. J'observais ses habitudes, je voyais s'il avait beaucoup de main, ou montait les rênes trop lâches; ou si, quand son cheval lui faisait quelque surprise, il avait le défaut de se raccrocher aux rênes. Je travaillais alors le cheval de manière à ce qu'il acceptât les à-coups de mains sans se défendre, ou qu'il prît l'habitude de ne pas être tenu. Si, chaque fois que le cheval fait ressortir ses actions, le cavalier avait l'habitude de tenir les jambes trop près, j'amenais le cheval à accepter l'approche inconsidérée des jambes; car, si chaud que soit un cheval, on peut le dresser à supporter le gras de jambes du cavalier comme pression, sans que, pour cela, il cherche à partir soit au trot, soit au galop.

Dès que je rendais ces chevaux à leurs propriétaires, ils en tiraient très bon parti, les conservant bien droits devant eux aux trois allures.

Il ne suffit pas à un écuyer de dresser un cheval pour lui en disant : « *Voyez, je le monte très facilement.* » Il faut connaître les moyens du cavalier pour lequel on dresse un cheval.

Beaucoup de gens, en effet, n'ont pas le temps néessaire à consacrer à l'étude approfondie de l'équitation ; les uns montent pour prendre de l'exercice, d'autres, pour faciliter le sommeil, ou développer leur appétit en combinant l'exercice physique au grand air ; d'autres, pour combattre un embompoint naissant ; la plupart sauront supporter les réactions plus ou moins dures d'un cheval, ils sauront s'y maintenir avec solidité même ; mais comme ils ne sont pas écuyers, il leur faut des chevaux dressés suivant leurs aptitudes ; par le dressage on arrive, sans danger, à mettre le cheval entre des mains plus ou moins expérimentées.

Un écuyer, dans ces cas, se tromperait étrangement en rendant un cheval trop fin ; ce serait une nouvelle difficulté à vaincre, car, après avoir dressé le cheval, il faudrait dresser le cavalier pour qu'il puisse le monter ; le cheval fin et vif exigeant un cavalier prompt aux aides et vif dans ses mouvements.

Eh bien ! le meilleur moyen d'obtenir l'assouplissement du cheval, c'est de lui imposer cette gymnastique qui triomphe de toutes les constructions et qu'on appelle le travail de *haute école;* ce travail bien conduit met le cheval sous la domination absolue du cavalier et lui permet de braver tous les obstacles.

C'est en assouplissant votre cheval que vous arrivez à le posséder complètement. Quels que soient les défauts du cheval, qu'il soit peureux ou désobéissant, ce ne sont pas ses défauts que vous corrigez; vous l'amenez, par le travail de *haute école*, à répondre correctement aux aides, vous l'équilibrez malgré sa construction, et vous arrivez à l'avoir droit devant vous, malgré les bruits ou les vacarmes qui peuvent l'effrayer.

Ne faut-il pas, en effet, que le cavalier possède absolument son cheval pour lui faire exécuter correctement un pivot d'avant ou d'arrière-main, un traversé, un reculé, tous mouvements que la nature ne lui a pas donnés, mais que le cavalier a eu la peine de chercher et de travailler.

Prenons pour exemple un cheval désobéissant : Enfermez-le dans un manège, montez-le, faites lui faire d'abord des voltes, des changements de main ; arrêtez-le de temps en temps ; faites-le repartir par les jambes, tourner à gauche, puis à droite, sur place ; promenez-le au pas, au petit trot raccourci. Au bout de huit jours de ce travail fait sérieusement deux fois une heure par jour sans arriver à mettre le cheval en sueur, enrênez-le sur le filet et légèrement sur le mors, puis mettez-le au caveçon. Après deux jours de ce nouveau travail, augmentez légèrement l'enrênement du filet, puis celui du mors de manière à ce que la tête de cheval tombe en ligne perpendiculaire au sol. Ayez bien soin que, pendant ce travail au caveçon, le cheval soit bien porté en avant par la chambrière, qu'il ne s'arrête pas ; faites le travail de cet enrênement aux trois allures. Au bout de deux autres jours cessez l'enrênement, montez le cheval, mettez-le au pas et commencez le travail de haute école par le pivot de l'avant-main ; faites le changement de main diagonal que vous terminerez en traversé, puis quelques mouvements de pas rétrogrades.

Si l'on avait trop de difficultés pour commencer le pivot, on enrênerait aussitôt le cheval, plus du côté où l'on marcherait, le tenant par une longe de main correspondant au caveçon, puis, s'aidant de la cravache, on lui ferait faire des traversés. On remonterait le le cheval, et alors, plus de doute ; à la grande surprise du cavalier, les traversés et les pivots s'exécuteront facilement et sans lutte.

Sortez alors le cheval, il ne sera plus ni peureux ni désobéissant ; il lui arrivera bien encore, de temps à autre, de chercher à revenir sur ses pas ; mais quelques oppositions de rênes et de jambes suffiront pour le ramener ; il sera alors complètement confirmé ; bons ou mauvais cavaliers pourront le monter avec sécurité.

Voilà le résultat de l'assouplissement produit au moyen du travail de haute école, et voilà pourquoi, au commencement de cette causerie, nous l'avons déclaré *indispensable*.

Quant au travail de haute école pratiqué ou *essayé* par des cavaliers sur les voies ou promenades publiques, il est intempestif et ridicule. Ce travail d'assouplissement du cheval ne doit se faire que dans des endroits clos ou à la campagne dans un champ.

Je ne fais pas entrer dans le travail de haute école, le piaffer et le pas espagnol. Ce sont de véritables distractions et récréations équestres pour ceux qui aiment à faire travailler le cheval ; ces exercices exigent une grande patience.

FIN

TABLE DES MATIÈRES

CONTENUES DANS CE VOLUME

Préface. 1

CHAPITRE I

Précautions à prendre quand on veut s'approcher d'un cheval. 5
De l'étrier. 6
Le cavalier au montoir. 10
De la manière de tenir les rênes de bridon, de les raccourcir, de les allonger. 12
De la position du cavalier. 14

CHAPITRE II

Du bridon et du mors 27
Des différentes tenues de rênes. 29
Position des rênes à la française. 29
— à l'anglaise 31
— à l'allemande 34
D'une position de rênes qu'il faut rejeter 37
Ajuster ses rênes. 37

CHAPITRE III

De la conformation extérieure du cheval 43

CHAPITRE IV

Des trois allures du cheval. 59
Du pas. 59
Du trot 62
Du galop 67
Du trot à l'anglaise 72

CHAPITRE V

Du rassemblé 79

CHAPITRE VI

De l'équilibre du cheval suivant sa construction. . . . 89

CHAPITRE VII

Forces du cavalier. 109
Forces du cheval. 109
Sentir son cheval. 110
Surprendre le cheval. 111
Pour arrêter son cheval 112
Alléger le cheval 113
Ho-là ! 114
La saccade 115
La main légère 116
Raser le tapis. 116

TABLE DES MATIÈRES

Du faux pas de l'avant-main et de la mobilisation de l'avant-main. 117
Du faux pas de l'arrière-main et de la mobilisation de l'arrière-main 118
Du temps d'arrêt. 119
Du saut de la haie 120

CHAPITRE VIII

Du cheval qui encense. 125
Du cheval qui s'encapuchonne 129
De la ruade. 131
De la pointe et du saut de pie 132
De la cabrade 133
De l'écart 134
Du mors aux dents. 139

CHAPITRE IX

De la martingale. 143
De la gourmette. 144
De la cravache. 145
De l'éperon 147

CHAPITRE X

Avant de monter à cheval, inspecter les objets de harnachement. 157
De l'emploi de la jambe du cavalier. 161
De l'assouplissement du cavalier 162
Importance du coup d'œil chez le cavalier. 165
Observation importante pour le cavalier 166
Conseils aux cavaliers pour leurs premières sorties . . 167
De la manière de rendre le cheval sage au montoir . . 170

CHAPITRE XI

Des principaux airs de manège.......... 175
Main droite et main gauche............. 175
Tension des rênes.................. 176
Opposition de rênes................. 177
Jambes première, seconde et troisième division.... 178
Tenue des rênes et de la cravache.......... 179
Du changement de main............... 180
Du doublé...................... 182
De la volte..................... 183
Du demi-tour.................... 184
Du travail sur les hanches.............. 185
Du pivot sur l'avant-main.............. 189
Du pivot sur l'arrière-main.............. 192
Du reculer..................... 193

CHAPITRE XII

Causeries équestres................. 199

FIN DE LA TABLE

F. Aureau. — Imprimerie de Lagny.

www.ingramcontent.com/pod-product-compliance
Lightning Source LLC
Chambersburg PA
CBHW060128170426
43198CB00010B/1081